등기법 분해해서 공부하기
-중복등기 등을 중심으로

수학연구사

목 차

머리말 ·· 1

Part 1. 학습 방법론 ··· 3

Part 2. 학습 포인트 ··· 5
  1. 중복등기의 효력과 그 정리 ·· 6
  2. 등기에 대한 장부 ··· 9
  3. 관공서의 등기촉탁 ··· 11
  4. 제3자의 동의를 나타내는 증서 ································ 15
  5. 등기신청의 취하 ··· 17
  6. 소유권보존등기 ··· 19
  7. 상속을 원인으로 하는 소유권이전등기 ················ 22
  8. 대지권에 대한 등기 ··· 26
  9. 지상권에 대한 등기 ··· 44
  10. 저당권등기 ··· 46
  11. 토지의 표시변경 ··· 47
  12. 환지등기 ··· 52
  13. 토지개발사업에 따른 등기 ····································· 58
  14. 기타 논점 ··· 60

Part 3. 학습 요령 ·· 61
1. 풀어내는 식으로 공부하기 ·· 62
2. 대화 내지는 대화체를 염두에 두고 생각하기 ······················ 67
3. 좋은 변화로 바뀌는 학습 주변 여건들이 변화 ···················· 70
4. 심리적으로 긍정적 변화가 찾아온다 ···································· 73
5. 지식을 돌출 정도로 하려면 노래 암기가 최고다 ··············· 75
6. 8진법 ·· 78
7. 전문 공부 ·· 84
8. 등기법의 맥락잡기 ·· 90

머리말

어쩌다 우연히 보게 된 잘 만든 유튜브짤 하나가 엄청 도움이 되듯이

이 책의 제작 의도는 어쩌다 우연히 보게 된 잘 만든 유튜브짤 하나가 엄청 도움이 되듯이 그런 원리가 도입이 되었다. 그러니 이 책을 우연히 사서 보게 되더라도 이거 하나는 잘 기억되네 하는 식의 좋은 도움을 받게 되어서 학습 향상이 되어가는 자신을 보게 되길 기대한다.

여기서의 접근법을 흉내내기를 바란다

이 책에서 모든 공부의 범위를 다 다루지는 않고 해당 책에서는 특정 범위에 대해서 좀 더 진지하게 접근해서 고민을 하고 있다. 그런 점을 염두에 두고 여기서 각 문제에 접근하는 방법을 학습하길 바란다.

예를 들어서 역사가 외우는 과목인가 이해하는 과목인가?

사람들은 암기의 중요성을 늘 인식을 하면서도 실제로 적용에는 소극적이다. 그러나 시험은 거의 암기가 다. 예를 들어서 역사 과목을 보자. 사람들은 대부분 역사야 말로 이해를 해야 한다고 한다. 물론 일정 부분 맞는 부분이 있지만 천만의 말씀이다. 역사는 이해하는 학문이라고 하면 그것은 정말로 착각이다. 중국 근대사 시험을 본다고 하면 '진독수'라는 사람의 이름 맞추는게 나온다. 그게 어떻게 이해냐? 그 일을 진독수가 하건 루신이 하건 조민수가 하건 그것을 어떻게 아는가? 그 이름에 대해서 말이다. 그러니 절대적으로 암기가 중요하다.

왜 이럴까 왜 이렇게 될까

공부를 하다보면 분명히 왜 이렇게 책에 써져 있을까 왜 교과서에서는 저렇게 말할까 하는 부분들이 참으로 많은데 교과서에는 일일이 그런 게 다 써져 있지 않아서 궁금증이 유발되는 부분들이 너무도 많다. 그런 부분들에 대해서 우리 책은 적시하고 많이 공개해서 수험생들의 궁금증 해결과 공부 능률 향상의 두 마리 토끼를 잡아드리겠다.

우리가 감상하고 소비하는 쪽에서도 문화 주체가 될 수 있다

필자가 제시하는 대로 문화를 소비하면서 학문에 활용하면 우리가 감상하고 소비하는 쪽에서도 문화 주체가 될 수 있다.

우리 책은 진전이 되게 해주는 책이다

어쨌건 문제를 풀면서 조금이라도 전진이 안 되면 그것은 문제가 있는 것이다. 단지 생각이 안 났을 뿐 하지 말고 약을 먹도록 하라. 안전하게 말이다. 그 약이 바로 우리 책이다.

Part 1. 학습 방법론

-증상별로 생각하는 습관을 가지자

인류 최고 즉 가장 오래된 직업은 의사다. 사람이 아픈데 옆에서 가만히 보고만 있지는 않았을거다. 그런 의사들이 어떤 식으로 사람을 처치하고 그 집단이 분화가 되어 왔는지를 본다면 지식이 해야 할 일과 소명이 보일 것이다.

등기에 대해서 내지는 다른 지식에 대해서 자꾸 증상별로 효용별로 생각하는 습관 정리하는 습관을 가지자.

-목차에는 너무는 연연하지 말아라

그렇게 증상별로 간다는 말 자체가 바로 목차에는 너무 연연하지 말라는 의미를 가지고 가기도 한다. 목차보다는 현실적으로 쓰임에 대해서 좀 더 생각해보는 것이 중요하다. 물론 목차를 무시할 수도 없고 목차가 잘 되어서 그것의 효용이나 증상별로 잘되어 있기도 하다. 다만 그래도 중복의 문재라던가 하는 부분들이 있으니 그것을 감안해서 고민하고 정리하자 그러면 반드시 효과를 더 본다.

1. 중복등기의 효력과 그 정리

-등기예규 제1431호에 의할 때, 존재하지 않는 토지에 대하여 등기가 됨으로 인하여 외관상 지번이 동일한 중복등기기록이 있는 경우 진정한 등기기록상의 소유권의 등기명의인은 존재하지 않는 토지를 표상하는 등기기록상의 최종 소유권의 등기명의인을 대위하여 토지의 멸실등기에 준하는 등기의 신청을 하여 그 등기기록을 폐쇄시킬 수 있다. 그 논리와 중요논점은?

배경을 설명하면

등기예규 제1431호는 등기부에 '존재하지 않는 토지'에 대한 중복된 등기기록이 있을 때, 이를 어떻게 정리(폐쇄)할 수 있는지에 관한 예규이다. 이 예규의 논리 구조는 등기제도의 공신력 부인 원칙과 등기기록의 실질적 정확성 확보 원칙에 기반하고 있다.

최종이유적으로

A라는 지번을 가진 토지에 대해 등기기록이 두 개 존재한다. 이 중 하나는 실존하는 토지, 또 다른 하나는 존재하지 않는 토지(즉, 등기상으로만 존재, 실지 존재하지 않는 것이다. 이 때 존재하지 않는 토지의 등기기록은 무의미한 법률관계를 형성하므로, 이를 정리·폐쇄해야 등기의 공신력 오해나 혼란을 방지할 수 있다. 그래서 존재하지 않는 토지의 등기기록은 멸실등기에 준하여 폐쇄할 수 있으며, 이를 위해 진정한 등기기록상 소유자가 존재하지 않는 등기기록상의 최종 소유자를 '대위'하여 등기기록 폐쇄(멸실등기)를 신청할 수 있다. 다만 여기서의 대위는 민법상의 채권자 대위(민법404조)의

대위가 아니라, "사실상의 등기신청의 대위", 즉 "등기신청권 없는 자가 실체관계에 기초하여 신청하는 예외적 허용"으로서 공법상 행정법상의 대위가 된다. 사실상·행정법적 대위다. 원문은 등기예규 제1431호이다.

-등기규칙 35조에 따르면, 제35조(소유권의 등기명의인이 다른 경우의 정리) 중복등기기록 중 어느 한 등기기록의 최종 소유권의 등기명의인이 다른 등기기록의 최종 소유권의 등기명의인으로부터 직접 또는 전전하여 소유권을 이전받은 경우로서, 다른 등기기록이 후등기기록이거나 소유권 외의 권리 등에 관한 등기가 없는 선등기기록일 때에는 그 다른 등기기록을 폐쇄한다. 여기에서 상황이 가리키는 의미와 그 취지는?

배경을 설명하면

등기규칙 제35조는 이중(중복) 등기기록이 존재하는 경우, 어느 등기기록을 유지하고 어느 것을 폐쇄할 것인가에 대한 정리 기준을 제시하는 규정이다. 이 조항이 적용되는 상황은? 중복등기기록이 존재하는 경우, 지번은 동일한데, 등기부가 두 개 이상 존재하는 경우이다. 그래서 서로 다른 등기기록상에 각각 다른 소유자가 등재되어 있는 경우로서 주로 행정 착오, 지번 개편, 소유권 정정 누락 등의 이유로 발생하는 경우이다.

최종이유적으로

그 두 기록 사이에 '소유권의 승계관계' 또는 합일적으로 이어지는 관계가 존재함이 전제가 되어 있다. 예를 들어 A등기기록의 최종 소유자는 김철수,

B등기기록의 최종 소유자는 박영희인데, 박영희가 김철수로부터 해당 토지의 소유권을 양수한 게 명확하게 나타난다. 즉 기록은 두 개지만 잘 보면 등기기록 간에 실질적으로는 소유권이 동일한 사람에게 귀속된다. 그래서 제시된 게 이중기록 중 어느 하나를 정리할 수 있는 조건에 대한 것이다.

그게 두가지이다,

후등기기록인 경우→ 나중에 생성된 등기기록은 착오 또는 이중등록의 가능성이 높음 → 폐쇄 대상
소유권 외의 등기가 없는 선등기기록인 경우→ 저당권 등 부담이 없으므로 정리(폐쇄)해도 제3자의 권리를 침해하지 않음

이렇게 해서 등기부의 일원화와 정확성 확보한다. 중복등기기록은 소유권 귀속에 혼란을 야기하고 부동산 거래나 행정처리에 심각한 지장을 준다. 실제로 토지 소유자가 동일하고 소유권이 승계되었다면 이중기록은 불필요하므로 폐쇄 가능하다. 그리고 제3자 권리 보호도 신경을 쓴 것이다. 다만, 소유권 외의 등기(예: 저당권, 전세권)이 있는 경우는 제3자 권리자가 있으므로 함부로 등기기록을 폐쇄할 수 없다. "소유권 외의 등기기록이 없는 경우"에만 폐쇄 허용한다는 제한을 둔다.

2. 등기에 대한 장부

-신탁원부는 영구보존한다

최종이유적으로

이는 그야 말로 보존을 위한 목적 영구적으로 봐야 할 것들이 많아서 당연히 영구보존을 한다.

-이의서류편철장은 10년간 보관해야 한다

최종암기적으로

십년의 보관기간에 해당하는 것을 그야 말로 주루룩 같이 해서 외운다.

-등기예규 1409호에 따르면 국가 등 중요 정책사업을 시행하기 위하여 공문 등으로 등기사항증명서의 교부 등을 신청한 경우라도 법률에 수수료를 면제하는 규정이 없는 한 이를 면제할 수 없다고 한다. 왜 여기서 중요정책사업이야기를 하는가?

최종이유적으로

종종 국가기관 또는 공공기관이 국가의 중요정책사업을 수행하면서 등기사항증명서 등의 공문 요청을 할 경우, 관행적으로 수수료 면제를 요구하거나 기대하는 경우가 있다. 하지만 '국가사업이므로 수수료를 내지 않아도 된다'는 주장은 타당하지 않다는 점을 분명히 하려고 이 문구를 삽입한 것이다. 즉 관행적 요구 차단을 위한 것이다. 현실적으로 국가기관이 공문으로 요청하면서 "중요 정책사업이니 수수료를 면제해 달라"는 요청을 하는 경우가 많다. 이 예규는 그러한 요청에 대해 등록관청이 면제해줄 법적 근거가 없다면 단호히 거절해야 한다는 원칙을 천명한 것이다.

3. 관공서의 등기촉탁

-등기예규 1625호 관공서의 촉탁등기에 대한 예규에 보면 관공서가 등기권리자로서 그 등기를 촉탁하는 경우에는 등기의무자의 권리에 관한 등기필정보를 요구하지 않는 이유는 무엇인가?

최종이유적으로

관공서는 '공신력' 있는 국가기관으로서 사인의 사기 우려가 거의 없다. 등기필정보의 주 목적은 진정한 의사에 의한 등기신청인지 확인하기 위한 것이다. 일반 사인(개인·법인)이 등기를 신청할 경우, 권리관계를 조작하거나 사기를 칠 가능성이 있기 때문에 등기필정보를 통해 등기의무자가 실제 의사를 가지고 있는지 확인한다. 그러나 관공서(예: 국가, 지방자치단체, 법원, 검찰청 등)는 공적인 업무를 수행하는 기관으로서 신뢰성이 높고, 허위 등기를 할 가능성이 매우 낮다. 따라서 사기나 허위 신청의 가능성이 극히 낮기 때문에 굳이 등기필정보를 요구할 필요가 없다.

또한 관공서가 권리자이자 촉탁자일 경우, 이를 위해 등기의무자 측의 등기필정보를 확보하려면 시간과 행정력이 낭비된다. 특히 행정처분, 수용, 압류 등 공적 목적의 등기에서는 국가가 국민의 재산권을 적법 절차에 따라 제한하는 것이므로, 절차상 투명성은 이미 확보되어 있다고 본다. 따라서 등기소 입장에서도 등기의 진정성에 대한 의심이 적고, 업무의 효율성을 높이기 위해 등기필정보 생략을 허용하는 것이다.

-이왕직 창덕궁 이왕직장관에서 오는 것은 등기명의인 표시등기가 아니라 이전등기를 해서 '국 관리청 부'로의 소유권이전등기를 한다. 그 의미와 이유는?

배경을 설명하면

이왕직(李王職)은 일제강점기 조선 황실의 재산 및 사무를 관리하던 일제의 행정기구이다. 조선왕조가 망하고 고종이 황제에서 물러난 이후, 일본은 대한제국 황실 재산을 이왕가(李王家)의 사유재산처럼 편제하고, 이를 관리하기 위해 이왕직을 두었다. 창덕궁은 조선의 궁궐로, 한때 이왕직의 관리 하에 있었으며 이왕가 소유로 등기된 상태였다. 해방 후, 이왕직은 해체되고 그 재산을 정부(국가)가 인수하게 된다.

최종이유적으로

왜 '표시등기'가 아닌 '이전등기'인가? 법률상 소유권 귀속 주체가 바뀌었기 때문이다. 이왕직은 일제하에서 일본 정부가 설정한 조직으로, 그 명의로 된 재산은 실질적으로는 이왕가(황실)의 사적 재산으로 간주되었다. 광복 이후 이왕직이 해체되고, 이 재산은 국가가 인수하게 된다. 따라서 창덕궁의 법률상 소유자는 "이왕직(황실)"에서 "국가"로 변경된 것이고, 이는 단순히 이름이 바뀐 것이 아니라 재산 주체 자체가 변경된 것이다. 즉, 등기명의인의 표시변경(이왕직 → 국 관리청 부)이 아니라 소유권이전등기로 처리되어야 한다.

-등기선례 7-445호 지방자치법 5조에 의해서 관할구역이 변경되어 승계되는 재산에 대하여는 '승계'를 등기원인으로 하여 승계되는 지방자치단체 명의로 소유권이전등기를 경료하여야 하는바, 만약에 관리청 변경등기촉탁이 있으면 각하해야 한다고 한다. 그 이유는?

최종이유적으로

왜 "관리청변경등기"가 아닌 "소유권이전등기"인가? 관리청변경등기란? 국유재산이나 공유재산의 소유자는 그대로 두고, 그 관리기관(관리청)만 바뀌는 경우에 하는 등기다. 예시로서 국유지의 관리청이 기획재정부에서 국토교통부로 바뀌는 경우 등이 있다. 이 경우에는 소유권 자체는 국가 또는 지방자치단체에 그대로 있고, 관리권한만 바뀌므로 등기부상 관리청만 표시 변경된다.

그러나 이 경우는 그렇게 관리권만의 변경으로 보지 않는다. 즉 지방자치법 제5조에 따른 관할구역 변경의 효과로서 지방자치법 제5조(관할구역의 변경)는 시·군·구의 통합, 폐지 또는 경계 변경에 따라 관할권이 이전되며, 이에 따라 해당 지자체의 재산도 "포괄적으로 승계"된다. 이때 기존 지자체의 법인격은 소멸하거나 변경되고, 새로운 지자체가 법률상 소유권을 취득하게 된다. 즉, 이는 단순한 관리청 변경이 아니라, 법률에 의한 소유권 귀속 주체의 변경이다. 이게 소유권인가 하는 점이 좀 감이 안 오면 그렇다면 이게 어떤 재산인가 이렇게 생각하면 좀 더 감은 온다.

-등기예규 1625호 5에서는 부동산등기법 29조 11호는 그 등기명의인이

등기신청을 하는 경우에 적용되는 규정이므로, 관공서가 등기촉탁을 하는 경우에는 등기기록과 대장상의 표시가 부합하지 아니하더라도 그 등기촉탁을 수리하여야 한다고 한다. 그러면 잘못 되어서 뒷감당을 할 일이 없는가?

최종이유적으로

등기예규 제1625호 제5항은 등기신청과 등기촉탁을 구분하면서, 다음과 같은 중요한 입장을 밝히고 있다. 부동산등기법 제29조 제11호는 '등기신청'의 경우에 적용되는 것이므로, 관공서의 '등기촉탁'의 경우에는 등기기록과 대장상의 표시가 불일치하더라도 그 등기촉탁을 수리해야 한다. 그러면 이렇게 등기기록과 대장이 불일치하는 상태에서 등기촉탁을 수리하면 나중에 문제가 생기지 않는가? 즉 "뒷감당할 일은 없는가?"라는 생각에서의 문제의 식제기는 합당하다. 그래서 이 조문은 이렇게 해석해야 할까?

등기관이 기계적으로 대장과 표시가 다르다는 이유만으로 공공기관의 촉탁을 각하하면, 행정기관 상호 간의 공적 신뢰질서가 무너지고, 행정 절차가 마비될 수 있다. 예규 1625호는 이런 문제를 방지하려는 것이다. 그렇다면, 뒷감당은 누구 책임인가? 그래서 표시 불일치로 인한 문제의 책임은 원칙적으로 '촉탁기관'에 있다. 하지만 등기관은 '수리'하되, 위조·허위 등의 명백한 사유가 있다면 '각하' 가능하다고 이 조문을 해석해야 한다. 그래서 등기관이 등기신청서류가 명백히 허위임을 인지할 수 있는 사정이 있으면, 각하하거나 보정 요구 가능하다고 봐야 한다. 하지만 단순히 대장과 표시가 약간 다르다는 이유만으로 각하할 수는 없다는 것이 이 예규의 취지이다라고 봐야 한다.

4. 제3자의 동의를 나타내는 증서

-상속인에 대한 특정적 유증을 할 때에는 소유권이전등기를 신청할 때에 농지취득자격증명을 첨부할 필요가 없다. 즉 특정적 유증에 의해서 농지를 취득할 시에 농지취득자격증명을 제공할 필요가 없다고 하는데 그러면 농민이 아닌 사람이 농지를 가져도 상관이 없는 것인가? 문제될듯한데?

최종이유적으로

특정유증(특정 부동산에 대해 지정하여 물려주는 유증)에 의해 농지를 취득할 경우, 「농지법」 제8조에 따른 농지취득자격증명(이하 "농취증")이 예외적으로 면제된다. 그러나 이로 인해 농민이 아닌 사람이 농지를 취득하는 것이 허용된다면 농지법의 취지에 반하는 것 아니냐는 의문은 아주 정당하며, 이에 대한 법적 해석과 실무적 통제가 존재한다. 일시적으로는 가능하지만, 장기 보유는 농지법 위반 소지가 있다. 즉 농지를 보유하는 것과 이용하는 것은 별개의 문제이다. 유증을 통해 농지를 취득할 수는 있지만, 그 농지를 직접 경작하지 않고 계속 보유한다면, 농지법 제6조(농지 소유의 제한)에 위반될 수 있다. 농지법 제6조 제1항: "농지는 자기 또는 배우자 등의 직접 경작(또는 농업경영)을 목적으로 소유하지 아니하면 안 된다." 즉, 유증으로 취득한 경우라도:당사자가 실제로 농사를 짓지 않거나 농업 경영을 하지 않으면 해당 농지는 소유 자체가 위법한 상태가 된다.

특히 그 뒤의 제도적 통제 장치 (1) 농지이용실태조사: 농지법 제10조에 따라 지자체는 정기적으로 농지이용 실태를 조사한다. 경작하지 않고 보유만 하고 있는 농지를 적발하면 처분 명령(농지법 제11조)에 따라 1년 이내 매각 요구 불이행 시 강제처분 가능하다. (2) 소유권이전등기 후 농지관리는 등기소에서는 유증으로 인한 등기 시 농취증을 요구하지 않지만, 농지 관련 행정기관(시·군·구)은 사후적 이용실태 점검을 통해 관리한다.

최종암기적으로

특정 농지 불-뚝섬유원지-특정은 이미 유 있어서 필요없다고 생각한다.

5. 등기신청의 취하

-등기신청의 취하는 신청인 또는 그 대리인이 등기소에 출석해야 하지 우편으로 취하서를 보낼 수는 없다. 왜 우편으로 못하게 하는가? 정책적 내지는 확실한 이유가 있는가?

최종이유적으로

등기신청의 취하는 등기권리자 또는 등기의무자의 권리·의무에 중대한 영향을 주는 행위다. 따라서 등기소에서는 신청인이 정말로 자발적으로 취하하려는 것인지 확인할 필요가 있다. 우편에 의한 취하서 제출은 위조·도용·강요의 가능성을 완전히 배제할 수 없기 때문에, 신청인이 직접 출석해서 본인의 신분과 의사를 확인받는 절차가 요구된다.

다만 시류적으로 전자등기 시스템의 발전과 함께 향후에는 공인인증서 또는 전자서명에 의한 온라인 취하 절차 도입이 가능할 수 있으며, 일부 절차는 이미 제한적으로 시행되고 있다. 그러나 그래도 현재 기준으로는 우편 취하 허용 시 위조와 분쟁 소지가 커지는 것에 비해, 출석 요구는 비교적 안전한 장치로 여겨지고 있다.

-등기예규1643호에 따르면 등기신청이 취하된 경우에 처리 관련해서 등기신청서에 부착된 접수번호표에 취하라고 주서하여 그 등기신청서와 그 부속서류를 신청인 또는 그 대리인에게 환부한다. 그런데 이 과정에서 과거에는 접수번호표를 제거했는데 이제는 예규 개정으로 접수번호표에 취하라고 주

서한다. 딱히 특별히 그렇게 바꾼 이유가 있는가?

최종이유적으로

신청 이력의 투명한 보존을 위한 것이다. 즉 예전에는 등기신청이 취하되면 접수번호표 자체를 제거하여 사실상 신청이 없었던 것처럼 처리하는 방식이었다. 그러나 이제는 접수번호표를 제거하지 않고 '취하'라고 명시적으로 표시하여 등기소 내에서 해당 신청이 한 번 있었고, 그 후 취하되었다는 사실을 기록으로 남기기 위함이다. 이는 공적 기록으로서의 투명성을 확보하는 방향이다. 그래서 행정 기록의 정합성 및 관리의 일원화를 위한 것이다. 즉 접수번호표는 등기신청 접수의 고유 식별자 역할을 한다. 이것을 제거하면 기록의 연결고리가 사라져 향후 확인 시 어려움이 발생할 수 있다. 반면, 이를 유지하고 '취하'라고 주서하면 해당 번호로 접수된 신청이 있었고 취하되었음을 명확히 알 수 있어 사후적 확인이 수월해진다. 그래서 책임 소재 및 분쟁 대비역할도 한다. 어떤 이유로 신청이 취하되었는지, 누가 취하했는지 등은 나중에 분쟁 발생 시 중요한 자료가 될 수 있다. 과거처럼 접수표를 제거해버리면 책임 추적이 어려워질 수 있으므로, 이를 남겨두고 '취하' 표시만 하는 것이 법적 안정성을 높인다.

6. 소유권보존등기

-등기부상 소유자를 상대로 소유권보존등기의 말소를 명한 판결을 받은 자는 자기명의로 소유권보존등기를 할 수 있다. 즉 당해부동산의 보존등기 신청인의 소유임을 이유로 소유권보존등기 말소를 명한 판결은 소유권을 증명하는 판결에 해당한다. 이 말의 논리적 이유 근거를 설명한다.

최종이유적으로

소유권보존등기는 아직 등기부상에 소유자 표시가 없는 최초의 등기다. 이 등기는 반드시 진정한 소유자가 신청해야 하며, 신청인은 소유권을 적법하게 취득했다는 점을 증명해야 한다. 판결에 의한 말소 등기의 의미를 생각해보자. 소유권보존등기 말소를 명하는 판결이란, 기존 등기명의인에 대해 "당신은 소유자가 아니다"라고 확정적으로 판단한 것이다. 즉, 기존의 등기명의인이 무권리자임이 확인된 경우에 그 등기를 말소하라는 판결이 내려지는 것이다.

말소 판결을 받은 자는 진정한 권리자임이 판결로 확인된 것이다. 즉 민사소송법상 판결은 당사자 사이의 권리관계를 확정한다. 소유권보존등기의 말소를 명하는 판결에서, 원고가 자신의 소유임을 근거로 소유권이 없는 피고의 등기를 말소해 달라고 청구했다는 점에서, 법원은 판결로서 "원고가 진정한 소유자이고, 피고는 무권리자다"라고 판단한 것이다. 즉 자신의 소유임을 근거로 원고가 진장한 소유자임을 입증하고 밝혀진 것이어서 그렇다.

-등기예규 1483호 3 가 (4) 에 의하면 토지(임야)대장상의 소유자 표시란이 공란으로 되어 있거나 소유자 표시에 일부누락이 있어서 대장상의 소유자를 표시할 수 없을 때는 국가를 상대로 소유권확인 판결을 얻어 소유권보존등기를 할수 있다. 그 논리와 근거?

이는 등기예규 제1483호 제3가(4)호에 따른 실무 해석으로, "토지(임야)대장상의 소유자 표시란이 공란이거나 일부 누락되어 소유자를 특정할 수 없는 경우에는 국가를 상대로 한 소유권확인 판결을 받아야 소유권보존등기를 할 수 있다." 는 규정이다. 소유권보존등기는 등기부상 최초의 소유자를 기록하는 것으로, 반드시 진정한 소유자만이 이를 신청할 수 있다. 신청인은 그 소유권을 증명할 수 있는 자료(예: 대장, 판결 등)를 제출해야 하며, 공적 기록 또는 확정적 판단에 의해 그 소유가 인정되어야 한다. 보통의 경우 토지(임야)대장으로 소유자를 확인 가능하다. 일반적으로는 토지대장 또는 임야대장에 기재된 소유자를 근거로 소유권보존등기를 할 수 있다. 예컨대, 대장에 "홍길동"으로 기재되어 있으면 홍길동은 그 사실만으로 등기 신청이 가능하다.

예외적으로 대장에 소유자 표시가 없거나 불완전한 경우가 있을 수 있다. 대장에 소유자란이 공란이거나 일부 글자만 적혀 있어 명확하지 않은 경우에는, 누가 소유자인지를 공적 장부만으로는 확인할 수 없다. 그래서 필요한 것이 '소유권확인 판결'이라는 공적 판단이다. 소유자 기재가 없는 경우는 토지는 특히 국가가 소유권을 사실상 행사하거나, 적어도 추정 소유자로 간주된다. 따라서 그 부동산의 소유권을 주장하는 자는 국가를 상대로 소유권확인소송을 제기하여, "해당 부동산은 원고(신청인)의 소유임"이란 판결을 받아야 한다.

이 확정판결은 사법적 판단을 통해 소유자를 특정한 것이므로, 등기소에서는 이를 소유권의 증명자료로 인정한다.

7. 상속을 원인으로 하는 소유권이전등기

-선례 3-442호에 따르면, 피상속인의 3남인 갑이 을과 결혼한 후 자녀를 두지 못한 상태에서 피상속인보다 먼저 사망한 경우에 위 을은 피상속인의 사망 후에 재혼을 하였더라도 이에 관계없이 갑의 상속분을 대습상속하게 된다. 그 논리는 ?

최종이유적으로

대습상속 가능하다. 을은 갑의 배우자로서, 피상속인 사망 당시 재혼 여부와 무관하게 대습상속인 자격이 있다. 먼저 대습상속의 구조부터 먼저 익히면 다음과 같다. 피상속인의 자녀(갑)가 피상속인보다 먼저 사망한 경우, 그 직계비속이나 배우자는 대습상속이 가능하다. 즉 민법 제1003조 제2항으로서 "자녀가 상속개시 전에 사망한 경우에는 그 자녀의 직계비속이 대습하여 상속하고, 직계비속이 없는 경우에는 배우자가 대습한다." 따라서 갑의 직계비속이 없으면 배우자인 을이 대습상속권을 가진다.

이때 설문 등에서는 좀 많이 헷갈리게 이런 표현이 나온다. 재혼 여부와 무관하게 라고 해서 재혼을 해도 언제나 대습상속이 가능한 거 아닌가 하게 혼란스럽게 나온다. 그러나 재혼을 하면 되지 않는다. 여기 사안은 피상속인의 사망 이후에 재혼을 했기에 가능한 것이다. 그전에 재혼을 하면 불가능하다.

-등기예규1675호에 따르면 상속재산 협의분활에 따라 갑과 을을 등기명의

인으로 하는 상속등기가 마쳐진 후에 공동상속인들이 그 협의를 전원의 합의에 의해서 해제하고 병을 상속인으로 하는 새로운 협의분할을 한 경우와 같이 재협의분할로 인하여 상속인 전부가 교체된 때에는 상속등기의 경정등기를 신청할 수는 없다고 한다. 그 때는 먼저 선행협의 분할에 의한 상속등기를 재협의분할을 원인으로 말소한 후에 협의분할에 의한 상속등기를 하여야 한다고 한다. 그 이유는?

최종이유적으로:

등기예규 제1675호의 핵심은 상속재산에 대한 협의분할이 이루어진 후, 그 협의를 전원합의로 해제하고 완전히 새로운 협의분할을 한 경우, 기존 상속등기를 "경정등기"가 아닌 "말소 후 신규등기"의 방식으로 해야 한다는 것이다. "경정등기"란, 등기의 내용 중에 '착오 또는 누락'이 있는 경우 이를 바로잡는 등기다. 민법 제122조에 따르면, 경정은 '기존의 등기가 원인행위에 부합하지 않을 때'에만 허용된다. 즉, 등기 자체는 유효하되, 실제 원인(협의 내용 등)에 맞게 정정하는 경우에 한해 가능한 것이 경정등기다. 그런데 이 경우는 원인행위 자체가 변경된 것이다. 즉 기존 협의분할은 갑·을이 상속함이고 새로운 협의분할은 병이 상속하는 것으로 '협의 내용 자체가 전면 변경'된다. 이건 단순한 착오나 누락이 아니라, 애초에 등기의 기초가 된 협의 자체가 '무효 또는 해제'되어 소멸한 것이다. 따라서 기존 등기는 더 이상 법적 효력을 가질 수 없으며, 경정의 대상이 아니라 말소 대상이 된다.

-등기선례 6-414호에서 보면, 공동상속등기가 경료된 후 공동상속인중 1인

에 대하여 실종선고심판이 확정되었는데, 그 실종기간이 상속개시 전에 만료된 경우, 실종선고 심판이 확정된 자에 대한 상속인(대습상속인)이 없고, 등기상의 이해관계인도 없다면, 신청 착오를 원인으로 하여 나머지 공동상속인들이 경정등기를 신청할 수 있다. 이때 상속인등의 이해관계인 이야기를 하는 것은 이들의 동의서가 필요해서 그런 것인가? 아니면 좀 더 본질적인 문제가 있는가?

최종이유적으로

이해관계인이 있으면 그의 승낙서가 있거나 준하는 판결이 있어야 경정등기가 가능하다. 여기서 다른 상속인이나 이해관계인 이야기를 하는 것은 바로 그런 동의나 승낙에 대한 것을 짚고 넘어가고 그 다음으로 경정등기를 제대로 하기 위한 언급이다.

-등기예규 1088호에 따를 때 상속재산협의분할협의서를 작성하는데 있어서 친권자와 미성년자인 자 1인이 공동상속인인 경우 친권자가 상속재산을 전혀 취득하지 않아도 미성년자를 위한 특별대리인은 선임을 해야 한다고 한다. 그 논거적 이유는?

최종이유적으로

협의분할은 법률행위이며, 이익충돌의 가능성이 있다. "친권자가 상속분을 전혀 취득하지 않는다" 해도 이익충돌은 여전히 존재한다. 언뜻 보면, 친권자가 아무것도 안 받으면 "이익충돌이 없다"고 생각할 수 있다. 그러나 실무와 판례에서는 이익충돌의 존재 여부는 형식이 아니라 실질로 판단한다. 예시를 제시하면, 친권자가 협의 과정에서 일부 재산을 포기했지만, 자녀에게 반드시 유리한 방향인지 보장할 수 없다. 혹은, 재산의 구성·분할 방식에 따라 자녀에게 손해가 생길 수도 있다. 즉, 자녀의 이익을 친권자가 제대로 대표할 수 없는 위험이 있다. 이런 "잠재적 위험"만으로도 이익충돌에 해당된다고 본다. 그래서 특별대리인을 선임해야 한다.

8. 대지권에 대한 등기

-대지권등기라는 말에서의 대기권의 가지는 의미나 깊은 유래?

배경을 설명하면

"대지권등기"라는 용어는 일본을 비롯한 민법계 국가의 부동산법 이론과 역사에서 비롯된 독특한 개념이며, 단순한 땅에 대한 권리 이상의 깊은 의미와 실무적 유래가 담겨 있다. "대지권(敷地權, しきちけん)"이라는 용어는 일본의 부동산등기법과 민법 개정 과정에서 형성된 용어다. 일본은 1960년대 고도경제성장기 공동주택(맨션, 아파트)의 폭증으로 인해 토지와 건물이 서로 다른 사람 소유일 경우 발생하는 복잡한 권리관계를 해결해야 했다.

즉 '건물의 소유를 위한 토지 사용권' 필요하다. 공동주택에서 각 세대는 건물 일부의 전유와 토지의 일부 이용 권리를 함께 가지게 된다. 이때 토지를 그냥 '공유'한다고만 해두면 실제 권리관계나 법적 책임이 불분명해져, 법률적으로 명확한 토지 사용 권리를 부여할 필요가 생겼다. 그래서 탄생한 게 "대지권(敷地權)"이다.

최종이유적으로

왜 '대지권등기'가 중요한가? 실무적 이유로는 대지권은 전유부분의 소유권과 분리 처분이 불가하므로, 등기부에도 전유부분 등기와 함께 대지권 내용이 기재되어야 한다. 이를 통해 아파트 1채를 매매할 때, 토지 사용권도 함께 이전된다는 것을 법적으로 보장한다.

그래서 한자 기반의 용어도 분석을 해보면, 등기예규와 판례는 "전유부분과 대지권은 하나의 권리 단위로 취급"되므로, 전유부분의 등기에는 반드시 대지권의 존재와 내용이 등기되어야 함을 강조한다. '대지'는 단순한 토지를 넘어서 건물이 기초를 두는 공적 기반을 의미한다. 그래서 "이 건물은 이 땅 위에 세워졌고, 이 건물 소유자는 이 땅을 사용할 권리를 가진다"는 소유권 일체성의 표현이다.

-등기선례 200510-2호에 따르면 토지의 소유명의인 갑과 그 토지위에 소재하는 대지권 없는 구분건물의 소유명의인 을이 위 토지 및 구분건물에 대하여 신탁행위로 인한 소유권이전등기 및 신탁등기를 각 경료한 경우 수탁자가 동일인이더라도 수탁자는 위탁자인 갑과 을의 동의 여부에 관계없이 신탁된 토지를 대지권의 목적으로 하여 위 구분건물에 대한 대지권등기를 할 수 없다. 그 이유나 근거는?

배경을 설명하면

신탁재산은 수탁자 명의이지만, 실질적 소유권은 위탁자에게 있다. 신탁법상, 수탁자가 등기부상의 소유자가 되더라도 이는 신탁목적을 위한 명의신탁일 뿐, 진정한 의미에서의 소유권은 아니다. 수탁자는 신탁 목적에 따라 관리·처분권한은 있지만, 자율적으로 목적 외 사용이나 변경은 불가하다. 대지권 성립 요건은 건물과 토지의 동일인 소유여야 한다. 즉 대지권 설정(등기)을 위해선, 건물과 그 대지가 동일인의 소유여야 하며, 실질적인 지배권의 동일성도 필요하다.

최종이유적으로

하지만 이 사건의 경우, 토지와 건물은 각각 다른 위탁자(갑과 을)로부터 수탁된 것이고, 수탁자는 동일하지만, 실질적 소유자는 서로 다르다. 즉, 수탁자가 동일하더라도 위탁자가 다르면 실질적 소유자 동일성이 인정되지 않고 대지권이 불성립한다.

-부동산등기법 40조의 2항에서 등기할 건물이 구분건물(區分建物)인 경우에 등기관은 1동 건물의 등기기록의 표제부에는 소재와 지번, 건물명칭 및 번호를 기록하고 전유부분의 등기기록의 표제부에는 건물번호를 기록하여야 한다. 여기서 앞에 나오는 건물명칭 및 번호와 뒤에 나오는 건물번호는 서로 다른 개념인가?

최종이유적으로

부동산등기법 제40조 제2항에 등장하는 "건물명칭 및 번호"와 "건물번호"는 표현이 유사하지만, 법적으로는 구별되는 개념이다. 즉, 서로 다른 의미를 갖는다.

앞 항목은 건물의 명칭 및 번호이고, 1동 전체 집합건물의 통합 명칭과 일련번호 (예: "한빛아파트 101동") 뒷항복은 건물번호(전유부분)이다. 전유부분마다 부여되는 고유의 호수나 식별번호 (예: "101호", "302호" 등)

-토지등기기록에 대지권 뜻의 등기를 한 경우로서 그 토지등기기록에 소유권이전등기 외의 권리에 관한 등기가 있을 때는 등기관은 그 건물등기기록 중 전유부분 표제부에 토지등기기록에 별도의 등기가 있다는 뜻을 기록하여야 한다. 여기서 별도의 등기가 있다고 하는 것은 어떤 의미를 가지는가?

배경을 설명하면

이는 토지등기기록에 소유권 외의 권리가 등기되어 있다는 뜻이다. 즉, 해당 토지는 건물의 대지권으로서의 성격 외에, 다른 권리관계가 등기되어 있다는 것을 의미한다.

이러한 권리는 대지권의 존재나 행사에 영향을 줄 수 있는 법률관계를 뜻한다. 즉, "이 전유부분(예: 아파트 101호)이 속한 대지에는 다른 권리자(예: 채권자 등)의 권리도 함께 있으니 주의하라"는 의미다.

그럼 인정해주지 말지 왜 이렇게 복잡할 여지가 발생할 수도 있게 처리를 하는가? 하는 생각이 들게 된다. 이 의문은 법률이 복잡한 현실을 어떻게 수용할 것인가에 대한 입법정책적 판단의 문제다. 대지권의 "부착성" 원칙 때문이다. 집합건물(예: 아파트)에서 건물 전유부분과 그 부지가 분리될 수 없다는 게 대지권 제도의 핵심이다. 즉, 대지권은 그 건물 전유부분의 소유자에게 자동적으로 따라오는 토지사용권인데, 토지에 다른 권리가 있다고 해서 대지권 자체를 부정하면, 전유부분 소유권도 의미를 잃게 된다. 대지권은 등기법적으로는 "전유부분의 종된 권리"로 간주되기 때문에, 전유부분을 인정하려면 대지권도 인정해야 하고, 그렇다고 대지권을 등기하지 않으면 등기기록이 불완전해진다. 대지권 인정 자체가 현실적인 필요를 반영한다. 아파트 단지의 토지가 과거에 설정된 저당권 등의 대상이었거나, 개발 전 지분관계가 복잡했던 경우 등, 현실적으로 모든 권리관계를 정리한 뒤 대지권을 설정하는 것은 불가능하거나 너무 오래 걸린다. 그래서 "대지권은 인정하되, 토지에 다른 권리가 있으니 그 사실을 등기기록상 표시해서 거래 당사자가 주의할 수 있게 하자"는 방식이 채택된 것이다. 마지막으로는 등기제도는 권리의 "존재"를 판단하지 않고 "공시"만 한다는 원칙이어서 그렇다. 등기제도는 원칙적으로 실체적 권리의 정당성을 판단하지 않고, 등기사항을 공시함으로써 제3자가 확인 가능하도록 하는 제도이다.

-대지권의 비율의 합이 1이 아닌 집합건물의 멸실등기는 각하하지 않고 받아줘야 한다. 그 이유나 취지는?

최종이유적으로

어차피 이게 멸실등기이기에 굳이 변경절차를 거치는 것이 의미가 없기에 그냥 합의 일이 넘거나 일이 모자라도 받아주는 것이다. 그 말을 좀 풀어보면 일반적으로 집합건물에서는 전유부분별로 대지권 비율을 가지고, 그 합이 1(또는 1.000000 등 정수 기준)이 되는 것이 정상이다. 그러나 간혹 현실에서는 대지권 비율 계산 오류, 추가 분양 또는 취소로 일부 전유부분이 미등기 상태, 분할, 합병, 소멸 등 변동, 등으로 전유부분들의 대지권 비율의 총합이 1이 되지 않는 경우가 발생한다. 그런데 멸실등기의 본질은 "존재하지 않는 건물의 말소"이다. 즉 건물이 물리적으로 사라졌거나, 법적으로 존재하지 않게 되었음을 등기부에 반영하는 절차이다. 이것은 존재 여부에 관한 사실 등기이지, 권리 비율이나 지분 정산과는 무관한 등기 행위이다. 거기에 건물이 멸실되었는데, 단지 대지권 비율이 정확하지 않다는 이유로 등기상 존재하는 것처럼 남겨두는 것은 사실과 등기 간 불일치를 초래한다. 실제 대지권 비율이 틀렸다고 해서 멸실등기를 각하하면, 등기기록이 현실과 일치하지 않게 되어 오히려 등기의 공신력·정확성에 어긋난다.

원문은 대지권의 비율의 합이 1이 아닌 집합건물의 멸실등기 제정 2023. 11. 14. [등기선례 제202311-1호, 시행]: 집합건물인 1동 건물 전부의 멸실을 증명하는 건축물대장을 첨부정보로서 등기소에 제공(「부동산등기규칙」 제102조 및 등기선례 8-152 참조)하여 건물멸실등기를 신청하는 경우 등기관은 집합건물의 대지권의 비율의 합이 1을 초과하거나 1미만이라 하더라도 다른 각하사유가 없는 한 위 등기를 실행하여야 한다.

-구분소유자들이 대지사용권의 일부를 동일한 집합건물의 다른 구분소유자에게 양도하여 대지권비율을 변경하는 등기절차는 우선 구분소유자들이 대지사용권을 전유부분과 분리하여 처분할 수 있다는 규약을 첨부하여 대지권등기를 말소하고, 대지사용권의 일부지분을 특정한 양수인에게 이전하는 등기를 경료한 후, 대지권등기를 새로이 신청하여야 한다.

배경을 설명하면

여기서의 경우는 A, B가 자신들의 일부 대지권 지분을 C에게 양도하여, C의 대지권 비율을 늘리고, A, B의 비율은 줄이려는 것이다. 이런 행동을 무슨 이유로 하려는 것인가? 실무상 이유는 즉 이처럼 복잡하고 절차가 까다로운 일을 굳이 하려는 데에는 실무적으로 분명한 동기와 이해관계가 있다. 먼저는 재건축, 재개발 사업에서의 권리 비율 조정이다. 즉 아파트나 연립주택을 재건축하거나 재개발할 경우, 대지권 비율이 크면 클수록 분양권(신축 건물에 대한 권리)이 많아진다. 따라서 대지권 지분은 신축 주택 분양가액에 대응되는 자산 가치를 가진다. 그래서 사들이는 것이다. 아니면 대지권 비율이 잘못 기재된 경우의 정정이다. 과거 등기 시 대지권 비율 계산 실수로 인해, 실제 건물 규모나 점유 상황과 불일치하는 대지권 비율이 등기된 경우이다.

최종이유적으로는

대지권등기는 전유부분의 소유자가 이미 취득한 대지사용권에 대하여 전유부분과의 처분의 일체성을 명시하는 구분건물의 표시에 관한 등기에 불과한 것이고, 대지사용권을 법률행위에 의하여 취득하기 위해서는 권리취득의 등기를 하여야 하기 때문이다.

원문은 제정 2008. 6. 3. [등기선례 제8-319호, 시행]: 대지권등기가 경료된 집합건물의 구분소유자들이 대지권의 일부를 다른 구분소유자들에게 양도하여 대지권의 비율을 변경하기 위해서는 대지권등기를 말소하지 않고 곧바로 대지권의 비율을 변경하는 대지권변경등기를 할 수는 없다. 왜냐하면, (중략)

-등기선례 7-515호에 따르면, A토지는 갑, B토지는 을의 소유인 2필지의 토지위에 6세대의 전유부분으로 된 집합건물을 신축하여 갑과 을이 각 3세대씩 단독소유로 하는 소유권보존등기를 마친 경우, 각 구분소유자는 자신

의 소유 토지만을 자신이 단독으로 소유하고 있는 전유부분의 대지권으로 하는 대지권등기를 신청할 수 있다. 그 논거는?

최종이유적으로

결론적으로 각 구분소유자는 자신의 소유 토지만을 자기 전유부분의 대지권으로 하여 대지권등기를 할 수 있다. 집합건물법 제2조 제6호 (대지사용권의 개념)에서의 대지권이란: 구분건물의 소유자가 그 구분건물의 소유와 함께 가지는 대지에 대한 사용권. 여기서 대지는 건물의 건축에 사용된 토지 전체일 필요는 없고, 구분건물 소유자가 특정 부분만을 대지로 사용할 수 있는 경우도 포함한다. 여기서 소유형태가 구분되어 있는 경우에는 공동대지가 필수는 아니다. 통상 집합건물의 대지는 하나의 필지이거나 공동소유로 되어 있으나, 현실적으로 구분소유자 각각이 별개의 토지를 단독으로 소유하면서 그 위에 집합건물을 신축한 경우라면, 자기 소유 토지만을 대지로 삼아 해당 전유부분의 대지권으로 설정 가능하다.

물권법상 원칙에 따라서 특정 물건에 대한 배타적 지배 가능성이 있다면 문제가 없다는 것이다. 즉 구분소유자 갑과 을이 각자 소유하는 토지 위에 전유부분이 건축되어 있고, 구분건물 및 토지의 소유관계가 명확히 구분되어 있다면, 타인의 동의 없이도 자기 소유의 전유부분과 자기 소유의 토지를 연결하여 대지권을 설정하는 것은 물권법적으로 허용된다. 이는 대지권이 반드시 공동대지여야 한다는 입장을 배척하는 것으로, 실질적 사용관계와 소유관계의 일치가 있는 한, 대지권 성립을 인정한다는 의미한다.

-대지권등기를 할 때 이 경우 토지의 지목이 반드시 '대'가 되어야 하는 것은 아니고 '잡종지'라도 상관이 없다, 그 논거는?

최종이유적으로

대지권 설정을 위해 토지의 지목이 '대'일 필요는 없으며, 실질적으로 건축물의 부지로 사용되고 있다면, 지목이 '잡종지' 등 다른 지목이더라도 대지권 등기 가능하다. 집합건물법상 '대지' 개념은 실질적 사용관계를 기준으로 함: 집합건물법 제2조 제6호에서 말하는 "대지"는 "구분소유권에 부속된 건물의 건축에 제공된 토지" 이는 토지대장상의 지목이 아니라, 실제 용도(건축물의 소재지)를 기준으로 판단된다.

그래서 결론적으로 지목은 행정상 분류에 불과하고, 물권적 효력과는 무관하다. 지목은 지적법상 토지의 현황을 분류한 것이며, 소유권의 내용이나 물권적 효력(예: 대지권 설정 여부)을 결정하는 기준이 아니다. 따라서 지목이 '잡종지', '도로', '임야' 등이라 하더라도, 해당 토지가 실제로 건물 부지로 사용되고 있다면 대지로 인정된다. 심지어 도로도 말이다.

-등기선례 200709-1호 대지권등기가 경료된 토지에 대해서 토지만의 소유권 귀속에 관한 분쟁에 기한 부동산처분금지가처분등기를 할 경우에는 대지권표시경정등기 없이 전유부분 소유자의 토지 지분에 대한 가처분등기를 할 수 있으며, 또한 대지권등기가 된 토지에 가처분등기를 한 경우에는 집합건물의 전유부분 표제부에 별도등기 있음을 등기관이 직권으로 표시하게 된다. 이 선례가 가지는 의미? 특히 이는 토지 소유권이 대지사용권이 되기

전에 이미 실체관계가 문제가 있어 이를 소송으로 밝히고자 처분을 금지시키는 것이라는 점에서 분석하면 다음과 같다.

최종이유적으로

대지권은 전유부분(건물)과 법률상 분리 처분이 불가능한 종속권리다. 통상적으로는 대지권 지분만을 별도로 처분하거나 가처분할 수 없다. 하지만 이 사건은 대지권등기 자체가 실체관계와 어긋나는 등기일 가능성이 있어, 실체를 밝히기 전 처분을 금지할 필요성이 강하다. 추가로 보면 가처분의 목적은 소송으로 실체관계를 규명하기 위한 보전이다. 이 사안은 토지가 대지권으로 설정되기 전의 소유관계 또는 대지권 설정 자체의 적법성에 대한 분쟁이 있다. 즉, 형식상 대지권등기가 되어 있더라도, 그 기초가 된 실체가 다툼의 대상이므로, 이를 소송을 통해 명백히 밝히고자 하며, 소송 종료 전 처분을 금지할 필요가 있다. 그러므로 형식상 종속된 대지권이라 하더라도, 실체상 토지의 귀속에 다툼이 있는 경우에는, 가처분등기를 허용하는 것이 실체적 정의에 부합한다.

그렇게 해서 등기기술상 절차 간소화 및 직권기입제도가 되는 것이다. 일반적으로 대지권 표시를 정정해야 가처분등기 가능하지만, 실질적 권리분쟁의 본질이 토지 귀속에 있는 경우, 형식적인 정정 없이도 등기 가능성을 열어 놓은 것이다. 다만 상대방의 불측의 피해가 없게 등기관이 전유부분 표제부에 '별도등기 있음'을 직권으로 기재하여, 향후의 등기 및 법률관계 혼란을 예방한다.

-부동산등기법 49조에 따르면 등기관이 대지권등기를 하였을 때는 직권으로 대지권의 목적인 토지의 등기기록에 소유권, 지상권, 전세권 또는 임차권이 대지권이라는 뜻을 기록하여야 한다. 이렇게 되어 있는데 이것을 직권으로 한다는 것은 그런 부분에 당사자가 신청을 할 여지가 없는 것인가?

최종이유적으로

부동산등기법 제49조에서 말하는 "직권으로 기재한다"는 표현은, 등기관의 의무로서 해당 기재를 당사자의 신청 없이도 반드시 등기관이 스스로 해야 한다는 의미다. 하지만, 당사자가 이를 신청할 수 있는 여지를 완전히 배제하는 것은 아니다.

등기관은 대지권등기를 하면서, 그 대지권의 대상이 되는 토지 등기기록에 '대지권이라는 뜻'을 반드시 기재해야 한다. 이는 등기관의 법정의무로, 당사자의 신청 유무에 관계없이 반드시 해야 하는 공시행위다. 즉, 직권기재는 신청을 필요로 하지 않고, 또한 신청이 없어도 해야 하는 기재이다.

그렇다면, 당사자가 이를 신청할 수는 없나? 당사자가 "신청"할 수 있는 여지는 존재한다. 실무상 대지권등기 시 누락된 경우 또는 착오가 발생한 경우에는 이해관계인이 보완 신청이나 정정 신청을 통해 직권기재 누락을 지적하고 시정 요청할 수 있다. 예로서 대지권등기는 되어 있는데, 토지등기기록에 "대지권임"이라는 취지가 누락된 경우 전유부분 소유자가 등기소에 시정 신청 가능하다.

'직권'은 당사자의 신청을 배제하는 것이 아니라, 등기관의 '의무'를 강조하는 표현이다. 법적으로 "직권으로"라는 말은 종종 신청주의 예외로 쓰이지만, 이것이 당사자가 아예 관여할 수 없다는 뜻은 아니다.

-부동산 등기규칙 90조에 따르면, 토지 등기기록에 대지권이라는 뜻의 등기를 한 후에 그 토지 등기기록에 관하여만 새로운 등기를 한 경우에는 1항을 준용하여 별도의 등기가 있다는 뜻을 기록하여야 한다, 이 상황에 대해서 좀 더 구체적으로 설명하면 다음과 같다.

최종이유적으로

부동산등기규칙 제90조는 대지권과 관련한 공시의 명확성을 위해, 대지권등기 이후에 토지 등기기록에만 새 등기가 이루어진 경우에도 전유부분(건물)의 등기기록에 "별도등기 있음"을 기재하도록 규정한 것이다.

대지권이 설정된 토지에 대해 추가적인 권리변동이 발생하면, 그 영향을 받을 수 있는 전유부분 소유자 또는 제3자에게 이를 간접적으로라도 알려야 한다는 공시주의 원칙에 따른 것이다. 등기기록에도 대지권 표시가 기재되어 있음에도 불구하고 토지등기기록에만 새로운 등기 발생 은 예를 들어 그 토지에 대해 지상권·가압류·가처분·근저당권 등 새로운 등기가 추가됨을 의미한다. 그러나 이 경우 전유부분(집합건물)의 등기기록에는 변동이 없다. 그래서 문제점으로는 전유부분의 소유자나 제3자가 전유부분의 등기기록만 보면, 대지권의 기초가 되는 토지에 중요한 권리변동이 있었다는 사실을 알기 어렵다.

원래 전유부분과 별개로 토지에 이런 일이 발생할 수가 없는 것인데 왜 이런 토지만의 등기가 생기는가? 대지권은 원칙적으로 전유부분(집합건물)에 '종속된 권리'이므로, 토지에 단독으로 등기변동(예: 근저당권 설정, 가압류 등)이 생긴다는 것 자체가 이론적으로는 이상하게 느껴질 수 있다. 그럼에도 불구하고, 실무에서는 토지에만 등기가 생기는 경우가 꽤 발생한다. 그 예들을 보면

먼저 대지권등기의 누락 또는 미성립 상태에서 권리변동이 발생한 경우, 집합건물은 건축되어 전유부분은 등기되었으나, 대지권등기는 아직 경료되지 않은 상태일 수 있다. 이 경우, 토지 자체는 여전히 별개 부동산으로 취급되므로, 그에 대해 단독으로 소유권 이전·근저당 설정·가처분 등의 등기가 이루어질 수 있다.

실체와 등기의 불일치로 인한 등기 기술상의 허용하는 것으로 실질적으로는 대지권으로 사용되지만, 토지등기부에 "대지권임" 표시가 빠진 상태에서 등기관이 요청받은 등기를 기계적으로 처리할 수 있다. 특히 대지권 설정이 아닌 일반 소유권 등기, 또는 대지권 자체에 대한 가압류 신청 등에서 자주 발생한다.

특히 이제 나오는 경우가 대지권이 설정된 이후에도 되는 경우이다. 대지권 설정 이후에도, 종속관계를 무시하고 잘못 등기되는 경우 대지권이 설정된 이후에는 토지는 전유부분과 분리처분할 수 없으므로, 이론상 토지 단독의 권리변동은 있을 수 없다. 그러나 다음과 같은 경우에 형식적으로는 분리된 등기가 이루어지는 것처럼 보일 수 있다. 지상권, 가압류 등을 신청인이 대지권 구조를 인식하지 못하고 토지만 대상으로 등기를 신청한다. 소유권 말

소, 경정을 과거 등기의 오류나 실수로 인해 토지등기부에 정리 과정이 필요해진다. 착오로 공용부분 또는 대지에 대해 잘못 분리하여 권리 설정하는 경우가 생긴다.

-등기선례 4-835호에 따르면, 대지권 표시가 된 건물에 대해서 전유부분에 대한 이행판결을 얻은 경우에는 분리처분가능규약 또는 공정증서를 첨부하여 대지권표시등기를 말소하지 않는 한 그 판결에 따른 이전등기를 할 수 없다고 한다. 그런데 왜 그런 이행판결이 나오게 되는가?

최종이유적으로

결론부터 말하면 법원은 "이행판결을 내릴 수는 있지만, 등기가 가능할지 여부는 별개의 문제"로 보기 때문에 형식상 전유부분만의 이전을 명하는 판결이 나오는 것이다. 즉 이행판결의 성격이 채무자의 의무를 선언즉 이행판결은 "○○를 이전하라"는 채권자의 권리 실현을 위한 수단이지, 등기요건의 충족 여부까지 포함하지는 않는다. 즉, 전유부분만에 대해 이전의무가 존재한다면, 법원은 그것을 그대로 인정하여 판결할 수 있다.

예시: 갑이 을에게 "101동 202호를 양도한다"는 계약을 체결했는데, 그 계약서나 소송에서는 대지권에 대한 언급이 없었다. 그러면 법원은 그 전유부분만을 대상으로 한 이전의무를 인정하고 이행판결을 한다. 하지만 등기관은 물권법·등기법에 따라 별개로 판단한다. 집합건물법상 전유부분과 대지권은 불가분 일체로 취급된다. 따라서 대지권표시가 있는 상태에서 전유부분만 따로 등기이전은 불가능하다.

그래서 "등기할 수 없는 이행판결"이 존재하는 것이다. 이 표현을 염두에 두면 이런 게 문제로 나오면 풀기가 쉽다. 즉 실체법상 이전의무는 인정되지만, 등기요건이 충족되지 않았기 때문에 등기는 유보되는 상황이다. 마치 비유적으로 이런 상황과 유사하다. 계약상 자동차를 팔기로 했고, 판결도 나왔지만 명의이전하려면 차량등록증, 세금완납증 등이 필요하듯, 등기도 법적 요건이 따로 필요하다.

-부등 실무 3이나 선례 7-280호에 따르면 대지권등기에 의하여 금지되는 것은 대지사용권과 건물소유권의 귀속주체가 달라지는 등기이므로 그러한 우려가 없는 등기는 대지권등기가 있어도 할 수 있다. 예컨대 대지권이 소유권인 경우 대지권등기는 토지와 건물의 소유권이 분리처분 되는 것을 막기 위한 것이기에 토지만을 목적으로 하는 지상권 지역권 임차권의 설정등기가 가능하다. 그런데 여기서 대지권이 있는데 또 토지에 지상권을 주면 집합건물과 저축 중복되지 않는가?

최종이유적으로

충돌하거나 중복되지 않는다. 대지권은 전유부분 소유자에게 귀속된 사용권(지분적 권리)인 반면, 지상권이나 지역권 등은 제3자에게 설정되는 별개의 제한물권이기 때문에 법적으로는 양립 가능하며, 권리 범위가 서로 달라 중복되지 않는다.

예시로 이해해 보면 서울시 강남구의 A아파트는 대지권이 소유권 형태로 전유부분 소유자들에게 귀속되어 있다. 그런데 해당 토지의 일부에 대해

KT에 지상권을 설정하여 기지국을 설치하기로 한다. 이 경우 지상권은 아파트 주민의 거주와 무관한 별도의 목적(통신기지국 운영)에 따라 설정되며, 전유부분 소유자들의 대지권과는 권리 범위와 목적이 중복되지 않기 때문에 유효한 등기가 가능하다.

즉 사실상 집합건물에 도움을 주거나 무관하지만 서로 양립이 물리적으로 가능할 때에는 이런 등기도 가능하다.

-부동산등기법 41조3항에서 구분건물로서 그 대지권의 변경이나 소멸이 있는 경우에는 구분건물의 소유권의 등기명의인은 1동의 건물에 속하는 다른 구분건물 소유권의 등기명의인을 대위하여 그 등기를 신청할 수 있다. 그 논거 논리는?

최종이유적으로

공용적 성질을 가지는 대지권의 성질상, 1인의 소유자라도 다른 구분소유자의 이익을 대위하여 등기를 신청할 수 있다. 즉 대지권의 "공용적 성질"이 관건이다. 대지권은 전유부분(개별 세대)의 독립된 권리가 아니라, 전체 구분건물에 공통적으로 귀속되는 권리다. 전유부분마다 대지권이 분리되어 있는 것이 아니라, 1동 건물 전체로서 공유하는 지분적 권리이므로 대지권의 변경은 전체 구분소유자에게 공통 영향을 미친다. 따라서 특정 구분건물에만 해당하는 것이 아닌 이상, 대지권의 변경 등기는 전체 구분건물 소유자 모두에게 영향을 미치는 "공용적 변경"이다.

또한 공동 등기의 원칙과 현실적 한계 극복측면도 있다. 일반적으로 공유지분 변경 등기는 공유자 전원의 공동신청이 원칙이다(등기법 제35조 등). 그러나 집합건물의 경우, 전유부분 소유자가 수십 명, 많게는 수백 명에 이르므로 대지권 변경시마다 전원 동의를 받아 공동 신청하는 것은 현실적으로 거의 불가능하다. 그래서 1인의 소유자가 다른 사람을 대위하여 등기신청을 할 수 있도록 특별히 허용한 것이다.

거기다가 이는 구분소유자 간의 실질적 이해관계 일치하는 부분이라서 크게 문제도 없다. 대지권의 소멸이나 변경은 그 건물 전체의 구조나 효용성, 법적 지위에 영향을 주는 문제다. 예컨대 토지가 수용되어 대지권이 소멸했다면, 모든 구분소유자의 대지권이 동시에 소멸한다. 이 경우 한 명의 구분소유자가 등기를 하지 않으면 전체 권리관계가 왜곡된다. 따라서 실질적으로 동일한 법률관계에 있는 구분소유자 간에는 일방이 타인을 대위하여 등기를 신청할 수 있도록 한 것이다.

-등기예규 1470호 3 다에 따르면, 구분소유자들이 1동의 건물의 대지 중 각각 일부의 토지에 대하여 대지사용권을 갖는 경우에는 각 구분소유자별로 일부 토지만을 목적으로 하는 대지권의 등기를 하여야 한다. 이 경우 1동의 건물의 표제부중 대지권의 목적인 토지의 표시란에 대지권의 목적인 토지의 표시를 함에는 토지 전부를 기록하여야 한다. 왜 토지 전부를 기록하라고 하는 것인가?

최종이유적으로

왜 '토지 전부'를 기록해야 하는가? 그 논거는 다음과 같다. 대지권은 1동 건물 전체에 관한 권리라는 공시 효과가 먼저이다. 대지권은 구분소유자의 일부 토지 사용권이지만, 동시에 1동 전체 건물에 귀속되는 권리로서의 성격을 갖는다. 따라서 등기부 표제부에는 1동 건물과 관련된 전체 토지 정보를 명확히 표시해야 제3자가 1동 건물과 그 부속 토지를 한눈에 파악할 수 있다. 아무리 각 전유부분은 부분별로 나눠진다고 해도 말이다.

등기부의 공시 기능 및 정보의 완결성 확보의 문제도 있다. 부분적인 토지만 표시하면 등기부를 확인하는 제3자가 실제로 그 1동 건물이 어떤 토지 전체 위에 존재하는지 혼란을 겪을 수 있다. 즉 비유적으로 보면 부분집합이 모여서 합집합이 되는 셈이다.

마지막으로 부분 대지권 분할 표시의 명확성 확보측면이다. 구분소유자별로 대지권 일부만 갖는 경우라도, 전체 토지 중 어떤 부분이 대상인지 세부 기록은 전유부분별 대지권 기록에 따르며, 1동 건물 표제부는 '토지 전부'를 명시하여 각 대지권이 어디에 속하는지 대조 가능하게 하는 역할을 한다.

9. 지상권에 대한 등기

-법정지상권은 공동신청에 의한다,

최종이유적으로

법정으로 생겨서 앞으로 진행이 된다고 해도 신청은 원칙대로 공동신청이 원칙이다.

-도시철도법 도로법 및 전기사업법의 규정에 의한 구분지상권등기를 설정하고자하는 자는 토지의 등기기록에 그 토지를 사용수익 하는 권리 또는 그 권리를 목적으로 하는 등기가 있어도 그 권리자의 동의 없이도 설정이 가능하다: 암기

최종이유적으로

공익적 목적으로 마치 수용 비슷하게 만들어지는 구분지상권이어서 그렇다.

-수목소유를 위한 구분지상권은 되지 않는다. 그 논리적 이유는?

최종이유적으로는 수목 소유를 위해서는 일반 지상권을 하게 한다. 그것은 구분지상권은 건물이나 공작물을 위한 것인데 그런 것은 범위가 명확하지만 수목은 자연적으로 관리가 딱 떨어지는 것이 아니기에 안 되는 부분이 있

다. 그래서 그렇다.

좀 더 상술하면 수목은 공간점유보다는 토지와의 밀착성이 본질이다. 수목은 단순히 지상 공간에 놓이는 것이 아니라, 뿌리가 토지 속에 깊이 박혀 있어, 토지 그 자체와 불가분의 관계를 가진다. 그래서 수목은 시간의 흐름에 따라 자라고 토지를 침투하며, 단순한 공간 내 물건 설치와는 다르게 토지의 본질을 점유·변형한다. 즉 수목은 공간 사용이 아니라 "토지 그 자체의 이용"에 가깝다고 봐야 한다. 또한 구분지상권은 토지의 "일정한 공간"만을 사용하는 권리이다. 즉 구분지상권은 예컨대 "지표면 위 5m 이상~10m 이하의 공간"과 같이 공간 범위를 한정하여 사용한다. 하지만 수목은 성장하면서 공간 경계를 넘어서 확장되고, 그래서, 구분지상권의 "고정된 공간 사용"이라는 개념과 충돌한다.

수목의 특성상 시간적 변화와 경계 불확실성이 크므로, 입체적으로 고정된 구분지상권 구조에 부합하지 않는다. 즉 구분지상권은 주로 구조물·시설물 설치를 전제로 한 제도이다. 그래서 제도적 목적 자체가 건축물, 도로, 철도, 송전선로 등 구조물 설치를 위한 권리보장이다. 이에 비해 수목은 시설물도 아니고, 도시계획·개발과의 연계성도 없다.

10. 저당권등기

-공동저당대위등기는 선순위저당권자가 등기의무자가 되고, 대위자(차순위저당권자)가 등기권리자가 되어서 공동으로 신청하여야 한다. 이 경우 집행법원에서 작성한 배당표 정보를 첨부정보로서 등기소에 제공하여야 한다.

최종이유적으로

공동저당대위등기에서 배당표 정보를 등기소에 제공해야 하는 이유는 다음과 같다. 대위 요건의 입증을 위함이다. 공동저당대위등기는 차순위저당권자가 선순위저당권자의 피담보채무를 변제한 후, 그 지위를 승계하여 저당권을 행사하는 것을 의미한다. 이때, 실제로 차순위자가 선순위자보다 먼저 배당을 받지 못하고 후순위자로서 변제했다는 사실이 입증되어야 대위가 정당하게 인정된다. 집행법원에서 작성한 배당표는 이런 채권자들의 순위, 배당 내역, 변제 여부 등을 명확히 보여주는 공식 문서다.

원문은 규칙138조이다.

11. 토지의 표시변경

-등기선례8-147호에 의하면, 토지대장상 갑과 을 토지가 공간정보구축에 관한 법에 의해서 합병이 되었으나 합필등기를 경료하지 아니한 채 갑 토지에 대해서 법원이 매각으로 인한 소유권이전등기촉탁을 하는 경우, 등기관은 부동산 등기표시가 토지대장과 부합하지 않더라도 그 등기촉탁을 수리해야 한다. 그 이유는?

최종이유적으로

토지대장은 국가의 공식 행정기록으로서 실체적 토지 현황을 반영한다. 토지대장은 국가가 토지를 실제로 관리·파악하는 기본적인 공간정보 기록이다. 공간정보법에 따른 합병은 토지의 실체적 통합을 의미한다. 따라서 토지대장의 기록이 부동산등기부에 우선하는 실체적 기준이 된다. 그래서 등기부의 표시와 토지대장의 불일치는 행정절차상의 문제일 뿐, 실체상 토지의 존재 및 소유관계에 영향이 없다. 등기부상의 토지 표시와 토지대장상 토지 표시가 불일치해도, 법원의 매각 결정 및 소유권 이전 명령은 실체적 토지에 기반한 것이다. 따라서 등기관이 형식적인 불일치를 이유로 등기촉탁을 거부하면, 실체권리 변동이 지연되고 당사자에게 불이익을 초래한다.

그래서 결국에는 이렇게 별개등기 상태로 있다가 선례의 판시는 위 등기가 경료되더라도 갑 토지의 소유자는 이해관계인의 승낙서를 첨부하여 을 토지의 소유자와 공동으로 합필등기신청을 '할 수 있다'는 식으로 여지를 남겨두었다.

-등기선례 2-604호에 의하면, 합필 전 어느 1필의 토지를 목적으로 하였던 저당권 설정등기가 합필 후 토지의 특정일부에 존속하는 것으로 등기된 상태에서, 그 저당권의 실행을 위한 임의 경매신청의 기입등기를 하려면, 먼저 합필 후 토지 중 그 저당권의 목적인 토지 부분을 특정하여 다시 분필등기를 하여야 한다. 그 논리적 이유는?

최종이유적으로

다시 원 토지만 따로 분필하고, 그 분필된 부분에 대해 경매 신청해야 한다"는 게 선례의 결론이다, 왜 군이 그렇게 복잡하게 해야 하나? 저당권은 애초 갑 토지에만 설정된 것인데, 그냥 병 토지에 걸린 것처럼 집행하면 안 되는가? 결론부터 말하자면 "저당권의 효력은 설정 당시의 특정 토지에만 미치며, 그 범위를 넘는 집행은 불가능하기 때문"이다. 임의경매는 '저당권의 목적물 전체'를 대상으로만 가능하다. 임의경매 신청 시, 집행기관(법원)은 저당권이 미친 범위 전체를 대상으로 판단한다. 즉 저당권은 특정 부동산 전체에 대한 "불가분의 담보물권"이기 때문에, 그 목적물 전체에 대해 집행을 신청하는 것이 원칙이다. 이것이 임의경매는 "저당권 목적물 전체"에 대해서만 가능하다는 논리의 출발점이다. 이는 저당권의 불가분성 원칙(민법 제370조)에 기인하는 것이기도 하다. 즉, 저당권 설정자가 채무 일부를 갚더라도 채무 전액이 변제되기 전까지는 저당목적물 전체에 저당권이 존속한다. 마찬가지로, 저당권자는 저당물 전부에 대해 한꺼번에 경매를 신청해야 자신의 권리를 완전하게 실현할 수 있다. 만약 일부만 경매신청하면? 채권자 보호 미흡 (담보가치 부족), 경매절차 중 제3자 권리 침해 가능성, 잔여부분의 권리관계 불명확 (누가 점유? 권리 분할?)이 생긴다. 그래서 일부 경매를 허용하면 생길 수 있는 법적·실무적 문제가 생긴다.

-등기선례 4-814호 에 따르면, 합필 전 토지 사이에 등기원인 등이 서로 다른 근저당권에 관한 등기가 있는 경우에는 그 합필의 등기를 할 수 없을 것이나, 공유토지분할에 관한 특례법 14조 5항 및 같은 법 37조 3항의 규정에 의한 합병의 등기를 소관청이 촉탁하는 경우에는 그 합필전 토지의 공유지분에 대해서는 서로 다른 근저당이 설정되어 있더라도 그 근저당권은 분할조서의 확정에 의하여 그 공유자가 취득하는 토지부분에 집중하여 존속하는 것이므로 위 부동산 등기법 37조의 규정에 불구하고 소관청은 합병의 등기를 촉탁할 수 있다. 그 논리적 이유를 특히 해당 특례법과 관련해서 설명하면 다음과 같다.

배경설명

등기선례 4-814호는 일반적인 합필등기의 제한 원칙과는 달리, 「공유토지분할에 관한 특례법」이 적용되는 경우 예외적으로 합병등기가 가능하다는 매우 중요한 입장을 밝힌 선례다. 특례법의 목적은 공유토지의 현실적인 분할을 촉진하려는 것이다. 공유자는 보통 물리적으로 자기 부분을 사용하고 있다. 하지만 공유지분 상태에서는 개별 등기 불가하고 각종 법률 행위 제약한다. 이를 해결하기 위해 현실 사용관계를 반영해 토지를 분할하고 소유자 단독명의로 등기 정리하도록 법이 특례를 마련한다.

특례법은 법원의 확정판결과 유사한 효력을 지닌다. 분할조서 확정 시, 각 공유자는 자신이 배분받은 토지에 대해 단독소유권을 취득하게 되고 기존의 저당권도 그 배분된 토지에 집중하게 된다. 즉, 권리관계의 정리가 먼저 실체상 이루어졌기 때문에, 형식적으로 저당권이 다르더라도 합병등기를 막을 이유가 없다. 또한 등기부의 공시기능에 실질적 충돌이 없다. 일반적인 경우에는 저당권 등이 달라서 권리관계가 혼동될 수 있으므로 합필이 불가하다. 하지만 이 특례법에서는 공유자 단위로 토지를 나누고, 등기도 이에 맞게 촉탁되는 것이므로, 저당권이 "자신의 토지"에만 집중되므로 공시기능에도 모순이 없다.

그런 과정에서 합필등기는 '법률적으로 나뉜 필지들'을 '지적도상 물리적으로 하나의 필지'로 만들기 위한 절차다. 즉, 등기의 실체적 정리를 위한 '기술적 중간단계' 역할을 한다. 공유토지분할 이후의 '새로운 토지 단위'는 여전히 조각난 필지(다수 필지)로 존재할 수 있다.

특례법상 분할은 "각 공유자가 실제 사용하는 부분"을 기준으로 여러 필지에 걸쳐 있을 수도 있다. 예를 들어 A가 사용하는 부분 = 갑·을·병 토지 일부씩인 경우 A가 분할 후 취득한 부분은 여전히 '다수 필지'로 존재한다. 이를 실제로 '하나의 필지'로 통합하려면 합필등기가 필요하다. 분할확정조서로 실체는 정리되지만, 등기부상 공시 정리는 별도 절차가 필요특례법상 확정조서는 "실체적 소유권 귀속"만 결정한다. 그러나 등기부에는 여전히 여러 개의 필지 등기기록이 존재한다. 이를 하나의 소유권으로 통일해 공시하기 위해, 합병(합필)등기를 하고 단일 등기기록 생성하여 소유권이전등기 흐름이 필요하다. 이는 공시기능의 명확화를 위한 절차이다.

그래서 합필등기 없이는 '분할 후 단일 필지'로 활용 불가하다. 그러면 건축허가, 개발행위, 매매 등 각종 행정·사법행위에서 하나의 필지 단위로 등기되어 있어야 행정처리가 가능하다. 복수 필지로 남아 있으면 매도·담보 설정 등에 불편 발생한다. 따라서 합필등기를 통해 물리적·법적·등기상 단일 토지로 구성하여 거래 가능성·활용도를 높이는 것이다. 그래서 특례법은 "분할과 동시에 합병"을 상정하고 있다. 특례법 제14조 제5항]은 "분할확정조서에 따라 소관청이 합병등기를 촉탁할 수 있다"고 규정하고 이는 입법자가 "실제 사용하는 단일 필지를 새로 만들라"는 취지로 합병등기를 권장(또는 내포)하고 있는 구조이다.

12. 환지등기

-등록상의 최초의 등록자로부터 이전등록을 받은 자는 보존등기 신청가능한가? 안 된다면 그 이유는?

최종이유적으로

원칙적으로는 가능하지 않다. 소유권보존등기란: 등기기록이 아직 존재하지 않는 부동산에 최초로 설정되는 소유권 등기다. 즉, "처음 등기기록을 생성하는 사람"만이 할 수 있는 등기이다. 따라서 등록상 최초 등록자(대장상의 최초 소유자)로부터 '이전 등록'을 받은 자는 이미 다른 사람 명의로 된 등기 원인을 주장하는 자이므로, 소유권보존등기를 신청할 수 없고, 소유권이전등기를 신청해야 한다.

'이전받았다'는 말은 이미 등기된 소유권이 존재함을 전제한다. 즉 "A로부터 소유권을 이전받았다"고 주장하는 순간, A의 소유권이 이미 성립되었음을 전제로 한다. 그럼 A가 보존등기를 했어야 하고, B는 A로부터 이전등기를 받아야 맞다. 즉, 타인으로부터 '취득'했다면 그것은 '이전'이지 '보존'이 아니다. 보존등기는 소유권 주장자 중복을 막기 위한 제도적 안전장치. 만약 누구나 "내가 최초 소유자였다"고 주장하며 보존등기하면 같은 부동산에 여러 개의 등기기록이 생길 위험이 있다. 그래서 보존등기는 엄격히 1회만 허용한다. 등기기록의 공신력 유지, 권리 귀속의 단일성 확보 목적이다.

-등기예규 1588호에 따르면, 환지계획인가의 고시 후에는 종전토지에 대해

서 근저당권설정등기 가압류등기, 경매개시결정등기 다 안 되고 표시에 대한 등기도 안 된다고 한다. 표시 등기는 왜 안 되는가?

최종이유적으로

환지계획인가의 고시가 있으면 종전 토지는 '법률상 소멸'되며, 그 시점부터는 종전토지를 대상으로 한 모든 등기(권리·표시 포함)는 허용되지 않는다. 즉, 표시등기조차도 더 이상 "존재하지 않는 부동산"에 대해 하는 것이므로 등기불가(각하)이다. 즉 이런 과정 환지계획 고시가 있으면 그 토지는 물리적으로는 존재하는지 몰라도 법적으로는 없는 토지가 되기에 거기에 표시도 되지 않는다. 즉 등기부상 실체가 존재하지 않는 토지이다.

-종전 토지에 관하여 매매 등 계약을 체결하고 아직 그 계약에 따른 등기 전에 환지등기가 마쳐진 경우에는, 신청인이 환지에 관한 등기신청을 하면서 종전 토지에 관한 계약서를 등기원인증서로 신청서에 첨부하였다 하더라도 등기관은 그 등기신청을 수리하여야 한다. 그 논리와 이유는?

최종이유적으로는

공법상 표시는 분명하게 해야 하는데 구 계약에 기반해서 했기에 원인증서로 구계약의 것을 내어도 수리를 해야 한다는 뜻으로 받아들인다. 환지 후 새로운 토지(환지토지)에 대해 종전 토지에 관한 계약서로 등기를 신청했을 때 이를 인정할 수 있는가에 대한 논의이다. 즉, 환지 등기 이후에도 종전 토지에 관한 계약서(예: 매매계약서 등)를 등기원인증서로 사용할 수 있다.

환지 후 환지토지는 종전 토지의 권리의무를 '승계'한 것이다. 환지처분 및 등기 후 종전토지는 소멸하지만, 그 권리는 사라지는 것이 아니라 환지토지로 이전된다. 그것을 「도시개발법」 제65조 제3항, 「토지구획정리법」 제41조 제2항 등에서는 다음과 같이 규정하고 있다. "환지처분으로 인하여 종전 토지에 관한 권리 또는 의무는 환지로 인하여 설정된 토지에 승계된다." 즉, 계약상 권리도 환지토지로 이어진다. 계약 당사자의 실질 권리는 여전히 유효하다. 예를 들어, 환지 고시 전에 A가 종전 토지를 B에게 매도하는 계약을 체결했지만 등기를 마치기 전이었다면, 환지처분 이후 A는 더 이상 종전 토지를 소유하지 않는다. 그러나 환지로 인하여 그 권리는 환지토지에 전이된다. 따라서 B는 여전히 실질적으로 그 토지를 취득할 권리자이고, A, B의 계약은 환지토지에 대한 소유권이전 원인으로 기능한다. 또한 등기실무상 "등기원인증서"는 반드시 환지토지 관련 계약서일 필요 없다. 환지 이후라 하더라도, 종전 토지를 대상으로 한 계약서라도 그 권리·의무가 환지토지로 승계되었음을 전제로 등기원인으로 유효하게 작용한다.

원문은 환지등기절차 등에 관한 업무처리지침 개정 2015. 12. 8. [등기예규 제1588호, 시행 2016. 1. 11.]

-환지등기 촉탁서에 토지대장만을 첨부하여 환지등기 촉탁을 한 경우, 등기관은 그 토지대장에 '환지' 또는 '구획정리 완료'등의 사실이 기재되어 있다 하더라도 그 등기촉탁을 수리하여서는 안 된다.

최종이유적으로

환지등기 촉탁서의 첨부서면은 (가) 환지계획서 및 환지계획서 인가서 등본 (나) 환지계획인가의 고시 등이 있었음을 증명하는 서면 (다) 농업기반등정비확정도 등의 확실한 공적 표시가 있는 서면을 요구한다. 그런데 그게 아니라 환지등기 촉탁서에 위의 서면이 아닌 토지대장만을 첨부하여 환지등기 촉탁을 한 경우, 등기관은 그 토지대장에 '환지' 또는 '구획정리 완료'등의 사실이 기재되어 있다 하더라도 그 등기촉탁을 수리하여서는 안 된다.

환지등기는 행정처분의 효력에 따른 공적 등기이다. 환지등기는 단순한 등기신청이 아닌 행정처분에 근거한 '촉탁등기'다. 등기관이 등기를 하려면 해당 행정처분(환지계획 인가 및 고시)이 유효하게 이루어졌다는 공적 근거를 명확히 확인해야 한다. '토지대장'은 보조적 자료일 뿐, 행정처분 자체를 증명하지 못 한다. 토지대장에 "환지" 또는 "구획정리 완료"라는 표시가 있어도 이는 행정처분의 결과를 기재한 보조자료일 뿐, 법적 효력이 있는 행정처분 문서(예: 환지계획 인가서, 고시문 등)는 아니다.

비유로 쉽게 설명하면 "병원 기록부에 '수술 완료'라고 적혀 있다고 해서 그것만으로 수술이 실제 이루어졌는지 확인할 수 없는 것과 같다. 반드시 수술기록지(공식 문서)를 봐야 인정된다." 같은 논리로, 토지대장의 기재만으로는 환지처분의 효력을 확인할 수 없다. 이때 등기관이 요구해야 할 서류는
① 환지계획 인가서-행정청이 환지계획을 인가한 문서
② 환지계획 고시문-고시 날짜, 관보 게재 내용 등
③ 환지처분에 따른 촉탁서-소관청이 작성한 등기촉탁 공문
④ 도면 및 환지내역표-종전토지와 환지토지의 대응관계 명시

원문은 환지등기절차 등에 관한 업무처리지침 개정 2015. 12. 8. [등기예규 제1588호, 시행 2016. 1. 11.]

-등기예규 1588호에 의할때 갑 단독소유인 3필지의 토지에 갑에 2필지의 환지를 교부한 경우에는 환지등기가 안 된다. 그 이유는?

최종이유적으로

환지등기는 "종전토지 전체"와 "환지토지 전체" 사이의 일대일 대응을 전제로 한다. 환지제도는 종전토지의 소유권, 지분관계, 권리관계가 환지토지로 일괄 승계되는 구조다. 이 승계는 전체적이고 포괄적이어야 하며, 일부만 환지처분이 되면 법률상 환지의 완결성이 없다.

환지등기의 전제는 "귀속관계의 명확성" 등기란 개별 부동산에 대한 권리 귀속을 명확히 기록하는 제도다. 환지등기는 종전토지의 권리를 환지토지로 이전하는 것이므로, 각 환지토지가 어떤 종전토지에서 왔는지를 정확히 특정할 수 있어야 한다. 그런데 여러 종전토지(예: A, B, C)에서 여러 환지토지(예: X, Y, Z)가 나왔는데 그 매칭이 1:1이 아니라 혼합적이라면? 각 환지토지의 정확한 권리승계 근거가 불명확해진다.

대안은 없는가? "개별 환지 도면 확정" 또는 "분할 조정"으로 해결 가능하다. 실무에서는 종전토지 간의 권리승계가 혼합되어 모호할 경우 환지처분 권자가 "개별 귀속표"를 확정하거나 소유자가 분할합의·조정 등을 통해 귀속관계를 명확히 만든 후 등기 신청을 할 수 있다.

-등기예규 1588호 6 가 (1) 에 따르면 소유자가 동일한 수필지의 토지에 관하여 1필지의 환지를 교부한 경우에는 합필환지로서 유효하다는데 이러면 다른 경우처럼 귀속관계의 추적 등이 문제되지 않는가?

최종이유적으로

소유자가 동일한 수(數) 필지의 종전토지에 대해 1필지의 환지를 교부한 경우, 이는 "합필환지"로서 유효하며, 귀속관계 추적이 문제되지 않는다. 그것은 하나로 합쳐졌기에 문제가 없는 것이다. 갑 단독소유인 3필지의 토지에 갑에 2필지의 환지를 교부한 경우에는 환지등기가 안 된다. 이것과 구별을 해보면 그 경우에는 누락의 여지 등의 의심이 되기에 문제가 될 소지가 있어서 안 되는 것이다. 그러니 포인트는 한 개로 묶어졌는가가 문제가 된다.

13. 토지개발사업에 따른 등기

-부동산등기선례 201902-2호에 따르면 토지개발사업의 공사가 완료된 지역 내에 소유명의인을 달리하는 일부토지가 있어 그 토지를 지적확정측량의 대상에서 제외하고 소유명의인이 동일한 나머지 토지에 대하여만 지적확정측량을 실시하여 그에 따라 지적공부가 정리된 경우, 해당 토지의 소유명의인은 지적확정측량의 대상이 된 토지만에 대하여 토지개발등기규칙 제3조 1항에 따라 종전토지에 관한 말소등기와 새로 조성된 토지에 대한 소유권보존등기를 신청할 수 있다. 그 논리와 이유는 다음과 같다.

최종이유적으로

공사가 완료된 구역 안에 일부 토지(타인 소유)가 있어 지적확정측량에서 제외되었고, 지적확정측량이 이루어진 나머지 토지(단일 소유자 소유)에 대해서만 말소등기 + 보존등기를 신청할 수 있다는 것이다. 이 상황에서 "왜 일부 토지만 등기가 가능하고, 전체 사업구역이 아니어도 가능한가?"가 관건이 된다.

결론적으로 지적확정측량을 거친 토지는 종전토지와 구분되는 새로운 '지적단위의 토지'로 정리되므로, 개별적으로 말소 + 보존등기 신청이 가능하다. 전체 사업구역이 아니라도 측량이 완료된 부분만 등기 가능함. 특히 명심할 것은 토지개발사업은 '지적확정측량'이 등기의 기준이 된다. 「토지개발 등기규칙 제3조 제1항」에서는 이렇게 규정한다. "토지개발사업에 따라 종전토지의 지번·면적 등이 변경되고 지적확정측량에 따라 지적공부가 정리된 경우에는 종전토지에 대한 등기 말소 및 새로 조성된 토지에 대한 소유권보존등기를 신청할 수 있다." 핵심 포인트는 지적확정측량을 거쳐 지적공부가 정리된 것이 '기준'이라는 점이다.

공사완료 구역 중 일부가 측량 대상에서 제외된 경우가 있다. 그 이유는 그 일부 토지의 소유자가 다르거나, 동의가 없거나, 경계 분쟁 등이다. 그 결과 지적확정측량은 대상 제외 토지를 건너뛰고 나머지 토지만 시행된다. 지적공부도 그 제외 토지 부분은 정리되지 않는다. 그러면 지적확정측량이 된 토지들만 등기 신청 대상이 된다. 이유는 등기는 '지적공부에 정리된 토지'를 대상으로만 가능하기 때문이다. 측량되지 않은 토지는 법적으로는 여전히 종전 지번·지목 상태로 존재하기 때문에 말소등기 및 보존등기의 요건이 충족되지 않는다.

-토지개발사업은 도시개발사업과 어떻게 다른가?

최종이유적으로

토지개발사업은 소규모로 목적도 작게 된다. 그러나 도시개발사업은 공적인 목적으로 대규모로 진행이 된다고 생각하면 된다.

14. 기타 논점

-선례2-401호 등에 따르면, 말소대상인 등기에 터잡이 이뤄진 권리등기의 명의인은 말소등기신청시의 등기상 이해관계인이다. 예를 들어서 소유권보존등기의 말소에 있어서는 그 소유권을 목적으로 하는 모든 권리자 즉 저당권자, 지상권자, 가압류권자, 체납처분에 의한 압류권자 등이 모두 이해관계인이 된다. 이때 만약 이해관계인의 동의서가 없다면 말소등기 자체가 안 되는가? 아니면 별도의 주등기로 되는가?

최종이유적으로

동의서가 없으면 어떻게 되는가? 원칙적으로는 등기상 이해관계인의 동의서 또는 승낙서가 첨부되지 않으면 말소등기신청은 각하 대상이다. 말소등기는 기록을 삭제하는 효과를 가지므로, 그에 터잡은 권리자들의 법률관계에도 중대한 영향을 미치기 때문이다.

Part 3. 학습 요령

1. 풀어내는 식으로 공부하기

-의미

이는 난해한 지문 내용을 더 내용을 술술 풀어주는 의미를 가진다. 특히 기본적으로 객관식으로 주어지는 문제풀이 명제가 맞고 틀림에 대한 판단에서 작용이 된다. 이는 유명한 서울대 법대 C 교수방법에 해당한다. 누구인가에게 설명하듯이 이야기 하는 게 제일 좋은 방법이라는 식의 설득이다.

-순순한 흐름

말이 흐름이 스스로 보기에 그리고 남들이 보기에도 참 순순히 설명해준다는 느낌이 들게 해야 한다. 그냥 마구가 아니라 말이다.

-평면적으로 보던 책과 그 설명을 다 뜯어내는 느낌

1) 기본 의미

지금의 과정은 다 하나하나 새로 뜯는 것이다. 새로 뜯어내는 것이다. 필자의 내용설명을 보면 아마도 여러분들이 아 이것은 기존의 교과서에서는 잘 나오지 않은 표현인데 쉽다. 그게 바로 그런 식으로 그 설명을 다 뜯어내는 느낌으로 접근하는 것이다. 혹시 아주 부분 부분은 사람의 감정에 따라서는 다소는 좀 두서 없기는 해도 필자의 설명으로 좀 쉽게 이해를 하고 가는 것은 된다고 느끼게 될 것이다. 그게 바로 자연스러운 것이고 쉬운거다.

2) 더 풀어내는게 더 짧아지는 것이다

역설적이지만 고수들은 안다. 더 풀어내는 것이 더 풀어헤치는 것이 더 오히려 짧아지는 것이 된다.

-설명 논리를 잘 만들기

1) 기본 의미

풀어냄은 결국 설명의 논리이다. 술술 풀어줘야 한다.

2) 그야말로 말 같아서 좋게 된다

지금 구축되는 게 말 같아서 좋다고 느끼면 그것은 제대로 공부되는 것이다. 그리고 굉장히 안정되니 지금 며칠째 해도 크게 동요가 없다면 말이다. 큰 불만이 없이 계속 진행되게 말이다.

-기서결식 사고도 중요하다

그냥 마구 이야기 하는 것보다 아주 간략한 것이라도 기서결식 사고로 이야가 한다, 물론 시험장에 가면 그런 호흡을 할 시간이 많지 않으니 말이다.

-잘 될수록 자신의 근거 학습파일 서브노트가 튼실해 보인다

스스로 파일이 좀 부실부실해보이는 면이 있었는데 이제는 좀 더 간다는 식으로 해서 더 튼실하게 느껴지도 든든해져서 스스로 의지할 수준이 된다.

-문제집과 별도의 자기 학습파일의 기능이 확실하게 잘 분리가 된다

문제집 등이 지저분해지지 않고 깔끔해진다. 과거에는 이렇게 뭐가 많이 붙은거 보면 언제 다하기 아 이건 뭐지 개념이 생기는데 잘 마스터가 되면 내용의 핵심이 개념으로 바뀐다.

-하나의 소 테마에 자신이 스스로 이야기할 거리가 좀 자연스럽게 붙는다

뭔가를 내가 테마에서 이야기를 해봐야지 하고 시도를 할 때도 그게 자연스럽지 못하면 그것을 억지로 외워야 할 대상으로 생각하게 되는데 그러지 않고 자연스럽게 자신에게 설명으로 아니면 설명하는 능력으로서 존재하게 느낀다.

-결정적 한두마디가 이해와 본질을 파고 들어간다

1) 기본 의미

좋은 지식은 절대로 장황하지 않다. 중요한 거 한두말인데 그게 좀 숨겨져 있는거 아닌가? 스스로도 잘 표현한 것을 보면 아, 그게 그렇게 연결이 되는구나, 그게 그런 큰 뜻이 있구나하고 생각하게 된다.

2) 이거냐 저거냐에서의 강력한 한방

이거냐저거냐의 갈등상황에서 강력한 한방도 의미가 있고 중요하다. 한쪽으로 갈 수밖에 없는 좀 더 과격한 표현도 섞어가면서 쓰면 기억도 남고 논리도 산다.

-효율적인 논리를 만들수록 암기의 부담은 덜하다

그전의 공부들은 설명논리가 희박하니까 자꾸 끄나풀을 가지고 외우려고 아등바등하게 됨을 느낄 것이다. 그러나 설명논리가 좋으니 명문대 C 교수식으로 하면 깔끔히 설명이 되니, 기억적 아등바등이 없어짐을 느낀다,

-이렇게 술술 풀어내지 않으면 너무 어려운 과목들은 풀어내기가 너무 힘들다

어려운 과목일수록 논리와 유기성이 중요하다. 그래서 이렇게 술술 풀어내지 않으면 너무 어려운 과목들은 풀어내기가 너무 힘들다. 그야 말로 돌 씹는 기분이다. 그러기에 반드시 이렇게 논리로 술술 가게 풀어내야 한다.

-나름 평석가라고 생각하고 자신있게 적어보자

틀려도 좋다. 어차피 학습을 위한 것이다. 나름 평석가처럼 생각하자. 유연하고 논리적으로 잘 설명하는 데에 도움을 준다.

2. 대화 내지는 대화체를 염두에 두고 생각하기

-의미

지식을 풀어냄에 있어서 대화는 기본이다. 마치 소크라테스와 플라톤이 대화를 통해서 진리에 이른 것처럼 대화는 그런 기본을 가진다.

-질문과 답 구조

우리도 무엇인가를 읽어가면서 어떤 정보를 흡수해가면서 그것에 대해서 모르는 것이 나옴은 어찌보면 아주 당연한 것이다. 그것을 해결하는 가운데에서 답이 나오고 그게 그 학습의 정수가 된다.

-유능한 강사들의 비유

유능한 강사는 그것을 공부하는 학습자들이 무엇을 모르는지에 대해서 아주 잘 아는 사람이 된다. 그런 포인트를 일단 잘 알고거기에 어떤 이야기를 해줘야 좋아할지에 대해서 잘 이야기 해주는 사람이 좋은 강사가 된다.

-계속 자신의 표현을 가다듬어야 한다

특히 뛰어나다고 자타가 공인하려면 그 직관적 해설 꿰뚫는 용어들이 되어야 한다. 그러기 위해서 계속 가다듬고 정돈을 해야 한다.

-좋은 대화법이 되려면 좋은 질문이 나와야 한다

학습자인 나의질문요령과 접근이 나쁘지 않으니 좋은 대답이 나오게 된다. 이런 질문들이 또 새로운 지식의 페러다임이 된다. 기존의 책들에서 해주지 않았던 것 말이다.

-스스로 단정하고 외부로 표출해 보임의 우수성

그런 것을 자신의 파일에 담아서 노트에 담아서 외부로 표출을 하면 스스로 꽁하게 가지고 있던 것들의 지식이 달라짐에 대해서 느끼게 된다.

-묻다보니 이해되고 묻다보니 합격이다

말 그렇게 된다면 아주 좋은 시스템이고 그간의 학습체계를 부정하는 것이다. 이제는 누가 잘 질문을 세우는가가 중요한 것이 된다. 이런 페러다임이 되면 해당 시험에 대한 접근도 최근 몇년에 뭐가 바뀌는 것이고, 극단적으로 학원도 필요 없게 되고 하는 상황이 된다.

-질문받아주는 선생님

우수학생들은 말한다. 아, 과외선생님까지는 필요 없고 질문 받아주는 분이 있으면 좋겠다고 하고 말이다. 특히 고교시절의 최난제 과목인 수학 등에서는 말이다. 그런 마음으로의 자문자답 또는 대화식 공부를 지향한다.

-감정적 단어를 써서 표현해도 된다

'흥'같은 단어를 써도 된다. 학습의 목적만 달성한다면야. 흥 같은 사실적 논리들이 만들어진다.

-스토리라인의 형성

오티티가 더 유행할수록, 넷플릭스의 비중이 더 커질수록 스토리의 중요성이 커지고 있다. 그것을 공부에 대입을 해보면 대화가 스토리 라인이 되기도 한다. 즉 대화의 저술인 플라톤과 소크라테스의 대화처럼 인공지능과 나의 대화를 저술로 담게 된다. 그것은 본론에 대한 것이다:

3. 좋은 변화로 바뀌는 학습 주변 여건들이 변화

-의미

책이나 기타 여러 가지 여건들이 이런 변화로 어떻게 달라지는지에 대해서 소개한다.

-교과서(문제집)의 변화

1) 기본 의미

부담을 주고 이거 언제다 보나 하는 존재에서 아 그래 이것도 결국에는 핵심의 싸움이고 그런 핵심이 잡혀지면 쉽게 전진하는구나 하는 생각이 들게 한다.

2) 단권화의 기능적 원리에 접근

 (1) 일단 단권화에 유리

그렇게 되면 단권화의 원리에 아주 충실히 가게 되는가? 그렇다 물리적 단권화를 뛰어 넘는 기능적 단권화는 학습자로서는 아주 환상의 세계다. 그렇게 가고 있다고 느낀다면 과목 정복과 합격은 따 놓은 당상이다.

 (2) 중복성 검토의 효율성

내용에 대한 이해가 깊어지고 강해지면 내용적 중복성 검토도 뛰어나져서 단권화도 실질적으로 잘 일어난다.

3) 무기화

다듬어진 실력 다듬어진 무기라는 말이 실감이 난다. 그래서 스스로 이 책들정도의 것이면 법조로 치면 연수원급이어서 대한민국 OO분야 기술로는 최고 등급인데 하고 생각을 하게 된다. 제대로의 OO 과목의 책을 갖고 다니는 셈이 된다.

4) 자꾸 더 연결시키고 싶고 더 밝혀보고 싶어 한다

고수들은 말한다. 지식이 도가 올라가면 결국 연결이 되는 것이라고 말이다. 그래서 그게 자꾸 밝혀내는 것 자꾸 연결시켜가는 것을 시도하게 되는 것이 된다. 새 지식들은 새로 분화되어서나오는 것이다.

-책에 있는 지식들의 가치

1) 박물관은 살아있다

영화 박물관을 살아있다를 보면 박물관의 전시물들이 밤에는 살아서 움직인다. 그것처럼 그간 평면적으로 생각한 자식들이 살아서 움직인다. 그래서 이런 지식들의 가치는? 하고 스스로 생각해보게 된다.

2) 지식덩어리의 변화

지식이 예를 들어서 OO법의 경우에 이렇게 하나 하나 풀리면서 전체적 장악은 내게 어떤 모습으로 다가오는가? 그것은 낱낱의 지식이 아주 유기성을 띄어서 결국 크게 덩어리로 와도 내가 버틸수 있다는 식으로 가게 된다

3) 마인드 맵에서의 유기성

마인드맵 공부기법을 보면 지식을 잇게 되는데 그것을 어떤 이들은 언제 저 이음을 다 외우지 하지만 지식이 이해도가 커지면 그런 유기성이 억지로 외우려 해서 외워지는게 아님을 알게 된다

4. 심리적으로 긍정적 변화가 찾아온다

-비유: 에이스 투수처럼

'내가 투수라면 저렇게 꽂아 넣을 수 있나' 하고 프로야구를 보면서 생각을 해본 사람들 많을 것이다. 이렇게 지식이 내 것이 되면 내가 에이스투수가 된 기분이 된다.

-심리적으로 갈등 없는 아침과 새벽을 맞는다

공부를 하면서 학습에 매진하면서 제일 힘든 시간이 새벽과 이른 아침이다, 저녁과 밤은 그렇게 가는데 특히 자고 일어나서는 불안감이 마구 올라온다. 그런데 이렇게 제대로 공부를 해놓으면 그런 갈등이 사라진다. 그래서 심리적으로 갈등 없는 아침과 새벽을 맞는다.

-열정을 계속 간직하게 가는 시스템

우리는 사람이기에 공부에 대한 열정은 수시로 바뀌는가하는 질문에 자신있게 계속 열정이 유지가 된다고만은 이야기를 할 수 없다. 그러기에 그런 열정을 계속 간직 할 수 있는 시스템이라면 참 좋을터인데 말이다. 내가 알면 더 열심히 하게 된다. 그런 나의 열정을 잘 담을수 있는 구조가 지금의 공부 시스템 구조라고 보면 된다.

-풀어나가는 심리의 발생

법률로 치면 판단 결과의 회의론에 내가 너무 많이 빠져있던 것도 사실인데 이런 식으로 해결을 해서 좀 잘 헤쳐나갔다는 성공사례도 많이 수집된다.

5. 지식을 돌출 정도로 하려면 노래 암기가 최고다

-의미

우리가 거인의 어깨에 올라타는 셈이라고 잘 이야기를 하는데 이게 마치 그런 거인의 어깨에 올라타는 정점에 있다고 봐야 한다. 노래는 우리에게 잘 써먹으라고 팔 벌리고 있다. 말죽거리 잔혹사에서 현수하고 싶은 거 다 해 하는 김부선처럼 말이다.

-암기라는 게 보는 것만으로 되는 게 아니라서

당연한 이야기지만 자주 보기만 한다고 샤워하듯이 하기만 한다고 외워지는 게 아니다. 그래서 어떤 노력이 필요한데 그런 노력의 결정판으로서는 이제 중요하다.

-장점: 무에서의 유의 형성효로서는 세계 최강

특히 세법처럼 정말로 무에서 유를 형성해야 함이 큰 과목은 이렇게 해서 형성을 시키고 '오 박OO, 아주 대단한데'하고 스스로를 다독일 수 있다.

-장점: 가만히 틀어놓고 반복하는 편한 효과

가만히 틀어놓고 반복하는 편한 효과를 기대하는 게 가능한 것도 여기서의 장점이 된다. 특히 시험이 다가올수록 불안한데 이런 게 지식으로 나를 지지한다고 치면 위로 효과, 위로적 지지효과가 크다.

-장점: 그래도 칙칙한 수험생활 중에 운율이 가미되는 효과

그래서 아주 칙칙할 수 있는 수험생활, 학습생활에 운율이 가미되어서 양념적 효과가 된다.

-장점: 가장 가시적인 유형적인 공부

공부의 가장 힘든 점은 참 뭘 해도 나에게 나를 중심으로 나의 뇌를 중심으로 해서는 뭐가 남은 게 없다는 점이다.

-장점: 책 읽음이 훨씬 더 수월해지고 마음이 덜 쓸쓸하다

특히 무에서 유를 하는 과목의 경우에는 참 읽으면서도 '아이 씨, 이걸 읽으면서도 외워내야 하는데 그게 되나'하고 자책을 많이 하는데 노래가 수반이 되면 완전 암기가 되지 않아도 그래도 기분 좋게 좀 더 안도감을 가지고 책을 읽어내게 된다.

어떤 무엇을 하더라도 확인적 의미의 독서에서 즉 읽으면서 기억을 해내야 하는 독서에서 제일 좋은 방법이다.

-장점: 생활화적 공부

노래에 미친놈 같은 식으로 그야 말로 자나 깨나 공부가 가능하다.

-노래는 가급적 먼 노래보다는 자신의 애창곡을 위주로 한다

-그림하고 결부가 되어야 더 강한 효과를 가지고 온다

그림하고 내용이 결부가 되어야 더 강한 효과를 가지고 오게 되기에 서로 시너지를 노린다.

-노래를 잘 선정하는 것도 그 과목에 대한 실력과 혜안이 생겨서 그런 것이다

그렇게 붙이게 하기 위해서 노래를 잘 선정하는 것도 그 과목에 대한 실력이 생겨서 비례적으로 생기는 모습이다.

-비유: 곳곳에 깔린 지뢰들이 공격을 도와주는 느낌

아 많이 형성이 되었다. 폭탄들이 많이 도와 준다.

6. 8진법

-그림이 최종이다

연상의 최고봉은 그림이다. 그게 마땅한 적절한 것을 넣기가 그래서 그렇지 말이다. 그러나 우리가 어차피 일반적이고 딱딱한 것을 외우기 위해서 별개 개념이 필요하다면 이렇게 그림을 차용해서 외움은 아주 좋다. 즉, 중간과 중간이 연결이 되어서 최고조로 간다.

이러면 지식에 특히 그냥 활자화된 지식에 만개의 꽃을 피우게 되는 셈이 된다.

로마인들은 위대했다. 그냥의 상상속의 그림과 진짜로 존재하는 그림은 천지차이이다. 영원하라 로만이여 영원하라 로마인들이여

공부라는 컴퓨터에 그래픽 카드를 달아서 날개를 달아가는 셈이다.

글자로만 공부하는 것과 비교하면 픽셀로는 거의 100배의 것을 활용하고 그만큼 노력이 감쇄되고 하는 것이다.

-뇌의 이중성에 가장 잘 맞는다

뇌는 기억하려고도 하고 까먹으려고도 한다는 사실이다. 안 까먹으면 터져 버리는 게 뇌이다.

-그림이 사고를 전진시키고 사고를 확장시킨다

그림이 사고를 전진시키고 사고를 확장시킨다. 바로 그것을 전진시키는 그림이라도 붙여야 한다.

-전혀 안 쓰던 뇌의 영역을 쓰는 셈이어서 좋다

-8진법과 이어져서 그림과 그림간의 연결 히어라키를 노린다

이게 맞다면 8진법만으로 하기에는 무리가 있음을 스스로 인정한 셈이다.

-그림의 개수가 합격과 관련한 심적 안정의 지수를 증가시킨다

-두문자의 최대약점인 이게 어디에 쓰는 건지 모르겠다의 극복

그림을 잘 사용해서 그게 어디서 나온건지 모르겠다는 최대한 해소한다. 그것은 두문자의 최대 문제점이다.

-비유: 기억의 바벨탑 쌓기

비유적으로 이야기를 하면 이런 식으로 해서 바벨탑 쌓듯이 하는 것이다.

-무조건 열심히 한다고만 암기가 되는 거 아니다

하수들은 무조건 적극적으로 하자고만 했다. 그러나 시스템이 중요하다.

정말로 안 들어가는데 그렇게 들어가는 그렇게 끼우는 대단한 방법을 알아낸 것이 이것에 해당한다. 이런 식의 것은 회계학 같은 어려운 과목에서도 적용이 되게 된다.

-밀이 어려워서 공부가 어려운거다

-공부는 말이다

공부는 말이다. 결국 또 보니 말말말인데 시퀀스적 운율적 말이 중요하다.

-시간순삭도 좋다

과거에는 밑 빠진 독에 물붓기로 써야 할 시간이 많았는데 말이다.

-그림이 한 몸으로 되는 게 중요하다

그림이 흐트러지면 안 된다. 자연스러운 연상을 노리게 그림이 한 몸으로 되는게 중요하다.

-한 몸으로 표현하든지 강력한 연쇄관계로 표현하든지

한 몸으로 해서 한 덩어리로 표현을 하든지 아니면 강력한 연쇄관계로 표현하든지 해서 강하게 효과를 가지고 오게 해야 한다.

-하이브리드덩어리를 통해서 머리가 바꿔지는 게 최종의 모습

그간의 세상질서와는 좀 다른 이어진 질서로 채워진 머리를 만들어야 한다. 어차피 시험이 그간의 생활질서와는 틀리거나 다른 게 아닌 좀 무관한 것을 가지고 외움을 강요하니 우리도 그에 버티고 대항하기 위해서 이렇게 한다. 남들도 그것을 버티는 방법 중의 하나가 두문자다.

그러니 나도 새롭게 또 외워야 할 게 나오면 다른 생활요소시퀀스를 가지고 와서 대항을 하게 한다.

그런데 그렇게 다른 것을 채우는 게 그냥은 안 되니 행동강령인 파일이 존재해야 하고 그 파일도 정적 성격을 가지니 그것에 동적 성격을 부여하기 위해서 살아있는 덩어리라고 표현을 한다. 즉 책과의 별개의 유형적 성격을

가지고 있음을 보여주기 위해서 살아있는 덩어리라고 한다.

-하이브리드가 되면서 지식이 무에서 유 생명체적 지식이 된다

무엇이든지 살아있는 게 좋잖아하는 마음으로 접근을 해본다. 학습자인 내가 살아있는 게 좋음을 활용하자. 그래서 몸이 기억하는 공부가 되기도 한다. 마치 비유적으로 춤판 벌이기 덩어리는 수화처럼 몸짓과 몸이 기억하는 공부가 되는 게 좋다.

-인간의 도리로서의 제대로 공부가 된다

문제를 푼다고 할 때의 인간은 풀어서의 인간이다. 그래서 인간의 도리로서의 제대로 인간으로서 공부가 된다. 만약에 랜덤하게 본다고 해도 자신의 정신만 제대로 붙들고 있으면 풀이는 이뤄지게 된다. 이 인간의 도리는 학습자로서의 도리이다.

-누수를 채우는 반복도 의미 있는 반복이 된다

-종합이 된 게 대략 50퍼센트 목표치로 해서 기억남을 목표로 한다

-인과응보적이라서 노력을 해야 결과가 나온다

-쌍극자암기와의 관련성

쌍극자 암기도 결국에는 뭔가의 하나를 해서 그 특징으로 쌍극자를 연결해서 잡기였다. 그게 좀 더 난이도가 있으면 거기에 인물을 붙여서 강화를 시키고 좀 더 난이도가 있다면 히어라키 적으로 해서 노래를 한다. 다만 그 노래의 구조는 이렇게 잡는 게 이상적이다. 이 구성의 전제는 잊을 수도 있다는 점이다. 그래서 계속 노력이 필요하다는 점이다.

7. 전문 공부

-전문 공부의 의미

자격증을 딴 전문가이거나 아니면 그 아래에서 같이 일하는 실장 등의 전문사무원들은 자기분야의 그것도 아주 좁은 분야만 알지 그 이상을 가면 잘 모른다. 그래서 그런 전문 공부가 중요하다.

-세상이 어지러울수록 자기공부가 최고다

세상이 아주 어지러이 가고 있다. 어지러울수록 자기 공부가 최고다. 그게 제일 남는 것이기 때문이다

-전문공부일수록 효율적으로 해야 한다

시간들이 없지 않은가? 그러니 더욱더 효율을 노려야 한다. 바쁘지 않은 전문가 바쁘지 않은 전문사무원은 없다. 그러니 그런 사람들의 전문 공부일수록 더욱더 효율을 높여야 한다.

-전문 지식은 꺼내 쓴다의 논리

법조계를 접하지 못한 사람들의 입장에서는 법조인들을 보면서 '와, 그 많

은 방대한 법을 어떻게 다 알고 남을 위해서 상담을 해주고 하지?'하고 생각한다. 그러나 법조계에 입문을 하면 제일 먼저 배우는 사실이 그 많은 방대한 지식을 다 머리에 담는 게 아니라 필요할 때 꺼내서 쓴다는 게 핵심이라는 사실이다. 그렇게 전문지식은 꺼내서 쓰는 것 이지 다 담아두는 게 아니기에 공부의 효율성은 더욱더 필요하다.

-전문 공부일수록 이런 포인트를 봐야 한다

그렇겠구나 하는 것은 문제가 안 되고 그건 좀 그런데 내지는 그건 좀 아닌데 하는게 포인트이다. 수험 때도 그렇지만 결국 판시 등의 암기에서 가장 문제는 바로 자신이 그간 가진 자연법에 어긋나는 경우이다. 거기를 잘 포착해서 봐야 하고 내 것으로 넣어야 한다.

-당연한 것과 다소 또는 그 이상 당연하지 않게 다가오는 것을 체크해야 한다

읽어서 조금씩만 지식이 쌓여도 '그것은 그렇겠구나'하고 당연하게 느껴지는 것과 그렇지 않고 '어 이것은 왜 이렇게 되지?;하고 당연하지 않게 생각되는 것을 구변하는 게 가장 중요한 포인트가 된다.

-여백에 필기를 하는 경우에도 그 당연하지 않음 생각해볼 여지가 있음이 관건이다

많은 학습자들이 여백에 필기를 해서 집어넣거나 적어 넣는다. 그런 적어넣은 내용으로서 가장 와야 할 것은 바로 당연하지 않는 내용에 대한 지적 즉, 그런 포인트를 찾아내는 것과 그것을 어떤 식으로 처리해서 내 것으로 할지에 대한 것들이다. 그렇게 치면 결국 책은 원래부터 인쇄되어 있는 부분과 학습자인 내가 적어서 나오게 하는 부분들로 나눠지게 되는데, 인쇄되어 있는 것이야 당연히 진리이고 기지(기지)의 사실로 받아들여지니까 제시가 될 터이니 그게 결합이 된 게 바로 종합적으로 그 해당 분야나 해당과목의 총합적 사실로 다가온다.

-전문 공부에서도 암기를 해야만 공부한 게 남는다

여러분들이 다른 전문분야를 공부해서 남들에게 보여줄 때도 그게 결국에는 '체화'가 되어야 의미가 있다. 그냥 입에서 머리에서 우물우물하는 지식으로는 의미가 없다.

-외워야 내 지식으로 남고 남들에게도 보여진다
남들에게 보여주고 남들에게 인정받는 그런 지식이 되기 위해선 절대적으로 암기가 되어야 한다. 그것을 도와주려고 필자는 애를 쓸 것이다.

-암기는 늘 숙제

암기는 수험에서도 큰 숙제인데 전문 공부를 함에도 내가 외울 것인가? 외운다면 어디까지 외우고 결심을 할 것인가는 아주 문제이다. 그래서 그에 대한 도움이 필요하다.

-가장 효율적으로 외우게 하기

필자는 가장 검증된 방식으로 가장 쉽게 외우게 하는 도움을 줄 것이다. 특히 앞서 말한 지식은 꺼내 쓰는 것과의 조화적으로 얼마까지를 외우고 얼마는 외우지 않고 가는가는 참으로 중요한 부분으로 계속 작용한다.

-전문공부에의 암기가 더욱더 어려운 이유는 용어가 어렵기 때문이다

용어가 어려움은 그 분야의 전문성을 표상한다. 물론 그것은 진입장벽처럼 그 분야에서의 현학적 요소도 가지고는 있으나 그에 대해서 의미가 크게 온다. 그것을 잘 돌파해야 한다.

-전문 공부에서의 아주 쉽게 암기하는 법

(1) 친숙도를 늘려라

친숙도를 늘리는 게 중요하다. 물론 모든 공부의 과정은 다 반복을 통해서 친숙도를 늘리지만 그것을 어떻게든 더 고속화 하는 게 관건이다. 용어가 어렵고 구가상황이 어렵다면 더욱이나 친숙도를 높이는 것은 아주 중요하

다.

(2) 시퀀스활용

시퀀스란 이어짐이다. 순서이기도 하고 말이다. 그런 이어짐과 순서가 잘 연결이 되어야 뭔가의 성과가 나온다. 암기도 결국 이어짐이니 말이다.

뭔가 잘 술술 연결이 되면, 그게 시퀀스다. 우리가 뭔가 생활에서도 이야기가 술술 연결이 잘되는 경우가 있다. 그게 바로 시퀀스다. 그래서 그것을 이용하면 학습이 용이하다. 텔레비전에서의 오락프로를 봐도 쿵쿵따 쿵쿵따 하면서 말이 끝말잇기 식으로 잘 연결이 됨을 볼 것이다. 그게 바로 시퀀스다.

혼자서 전문지식을 읽을 때에도 필자를 만나기전에 여러분들이 혼자서 전문지식을 읽을 때에도 뭔가가 그 부분만큼은 시퀀스에 의해서 흘러가는 것이 된다.

(3) 인문사회지식 총동원

이런 전문 공부가 어려운 것은 용어의 문제도 있지만 동류화가 되지 않은 지식들을 동류화 하는 가운데에서 머리에 담아둬야 하는 측면이 아주 크다. 그러기에 그럴 때는 거의 유일한 해법이 있다. 바로 자신이 아는 모든 인문사회적 기타 지식들을 총동원해서 암기를 하는 것이다. 어찌보면 수험생들이 가장 많이 쓰는 두문장암기 같은 것도 그런 것인데 그것은 그래도 아주 가장 초보적인 형태로 봐야 한다. 그런 인문사회적 지식을 가지고 암기를 하고 이해도를 높이는 것이 필자가 여러분들에게 해줄 수 있는 도움 중의 하나이기도 하다.

(4) 내 머리 안에서 복기가 되게 한다

결국 전문지식이 발현이 되기 위해서는 남들에게 시각이나 청각으로 가게 해야 한다. 그러려면 자신이 먼저 그 지식들에 능해야 한다. 그래서 그게 내 머리 안에서 복기가 되게 한다고 보면 된다.

내 입에서 나와야 한다. 그게 차고 넘치면 결국은 나의 입에서 나와야 한다. 그것의 단계까지 안가면 머릿 속의 음성으로 그야 말로 '뇌입'으로라도 나와야 한다.

우리 책은 포인트는 지정의 식이다. 아주 두툼한 개론서가 아니라 그 개론서를 잘 보게 하는 것이다. 우리 책은 어느 분야의 타지식을 익히게 하기 위한 두터운 지식의 책이 아니라 그 지식에서 가장 엑기스가 되는 부분을 어떻게 이해를 할까에 대해서 제시를 해주는 책이다.

8. 등기법의 맥락잡기

(1) 민법 공부와 등기법 공부의 관계

민법에서의 거의 절반은 등기와 관련이 된다. 꼭 민법상의 물권법 즉 부동산 소유권에 대한 물권법이 아니라도 민법상의 상당 부분이 관련이 된다. 그런데 민법만 보면 좀 밋밋하기 그지없고 특히 많이 드는 생각은 '내가 이 것 배워서 실제로 써먹는가?'하는 자괴감 비슷한 감정이다. 그런데 등기법은 그것을 해두면 확실히 그 실용성에 감동한다. 반대로 등기법만의 지식은 무의미하다. 그래서 민법과 같이 봐두는 게 꼭 필요하다.

(2) 연달아 있음의 중요성

1) 관건

등기법은 그야 말로 연달아서 나옴의 릴레이 게임이다. 즉 소유권을 기준으로 할 때 갑에서 을로 을에서 병으로 그런 연달아서 나옴이 중요한 것이 된다. 그래서 그런 곳에서 끊어짐이 있는가 등이 아주 관건이 된다.

2) 등기의 연속

그런 부분에서의 연속이 되어야 문제가 없는 등기라서 민법에서도 그렇지만 등기법에서도 등기의 연속이라는 문제는 아주 중요한 문제로서 작용이 된다.

(3) 자격의 중요성

등기는 한번 이뤄지면 돌이키기가 힘들다. 이게 쉽게 보면 등기가 출생신고 같은 존재지만, 그게 대외적 공시성을 보면 이게 거의 외부에 알려져야 한다는 측면이 작용한다고 봐야 한다. 그러면 그게 쉽게 이미 알려진 것을 돌이킨다는 것은 아주 힘들다고 봐야 한다.

(4) 예규의 중요성

다른 법들에서 대법원의 판시나 헌법의 헌재 판시가 중요하다면 등기법은 예규가 핵심이다. 물론 판례들이 중요한 경우도 있지만 결국 핵심은 예규가 된다. 그것은 아주 실무적인데 이것은 주로 제정하는 일종의 행정규칙이다. 국민 일반을 구속하는 대외적 구속력은 없다. 그러나 내부 구성원에 대한 업무지침 효력이 있다. 판사들 중 관련 행정업무 담당하시는 분들이 제정을 담당하게 된다.

처음에 등기법에 입문해서 빠져들다 보면 그 예규를 너무 많이 접하게 된다. 그래서 그게 주로 1>판사들이 판시를 해서 나오는 것인지? 아니면 2>판사들이 그냥 회의해서 나오는 것인지? 아니면 3>판사들이 아닌 등기관 같은 법원/등기공무원수준에서 제정하는 것인지를 궁금해 하게 되는데 그 답은 2>가 된다.

(5) 옆길로 새기: 저당권등 기타 권리

1) 기본 의미

아브라함이 야곱을 낳고 야곱은 여호수아를 낳고 하는 식으로 가는 그런 소유권을 중심으로 한 등기에서의 연속에 대비해서 아니 그것 외에 더해서 옆길로 새는 것이 있다. 즉 그런 소유관계를 바탕으로 해서 돈을 융통하거나 할 때 쓰는 저당권 등이다. 그것들은 소유권을 바탕으로 하는 수직적 질서에 옆으로 새는 줄이 된다. 그래서 소유권과 유사권리는 갑구 옆으로 새는 것을 을구 이렇게 생각하면 된다.

2) 어떤 것이 있는가?

그 을구에 해당하는 것은 전세권과 임차권이 있다. 즉 소유권을 기반으로 하면서 그것을 가지고 이용을 하는 부수적인 것이라서 등기부의 갑구란이 아닌 을구에 두고 있다.

도 서 명: 등기법 분해해서 공부하기-중복등기 등을 중심으로
저　　자: 자격증수험연구회
초판발행: 2025년 10월 24일
발 행 처: 수학연구사
발 행 인: 박기혁
등록번호: 제2020-000030호
주　　소: 서울특별시 영등포구 버드나루로 130 1층 104호(당산동, 강변래미안)
Tel.(02) 535-4960　Fax.(02)3473-1469

Email. kyoceram@naver.com

수학연구사 Book List

9001 고1,고2 내신 수학은 따라가지만 모의고사는 망치는 학생의 수학 문제 해결법
저자 수학연구소 / 19,500

9002 이공계 은퇴자와 강사를 위한 수학 과학 학습상담센터 사업계획 가이드
저자 수학연구소 / 19,500

9003 고3 재수생 수능 수학 만점, 양치기를 어떻게 바라보고 극복할 것인가
저자 수학연구소 / 19,500

9004 대학생들이 세상에서 가장 효율적으로 일본어를 정복하는 방법
저자 최단시간일본어연구회 / 19,500

9005 프랑스어를 꼭 공부해야 하는 대학생들이 쉽게 어려운 단어를 외우는 방법
저자 최단시간프랑스어연구회 / 19,500

9006 중국어를 빠르게 배우고 싶은 해외 파견 공무원들을 위한 책
저자 최단시간중국어연구회 / 19,500

9007 변리사들이 효율성 높게 일본어를 익히는 법
저자 변리사실무연구회 / 19,500

9008 세무사가 업무상 필요한 일본어 청취를 빠르게 습득하는 법
저자 세무사실무연구회 / 19,500

9009 심리상담사가 프랑스어 단어를 빠르게 익히는 방법
저자 상담심리실무연구회 / 19,500

9010 업무용 일본어 듣기의 효율성을 높이는 법: 해외파견공무원용
저자 공무원실무연구회 / 19,500

9011 관세사들이 스페인어 단어를 쉽고 빠르게 외우는 법
저자 관세사실무연구회 / 19,500

9012 스페인어 리스닝을 쉽게 하는 법: 해외파견금융기관직원을 위한 책
저자 금융실무연구회 / 19,500

9013 관사세가 알면 좋은 프랑스어 단어를 효율적으로 외우는 법
저자 관세사실무연구회 / 19,500

9014 법조인이 알면 좋은 스페인어 단어를 빠르게 익히는 법
저자 법조인실무연구회 / 19,500

9015 법조인이 알면 좋은 스페인어 단어를 빠르게 익히는 법
저자 법조인실무연구회 / 19,500

9016 미용 뷰티업계에서 알면 좋은 이탈리아어 단어 빠르게 외우는 법
저자 뷰티실무연구회 / 19,500

9017 간호대학생과 간호사 의학용어시험 만점! 심장순환계통단어 암기법
저자 의학수험연구회 / 19,500

9018 항공공항업계에서 알면 좋은 스페인어 단어 스피드 암기법
저자 항공공항실무연구회 / 19,500

9019 약사와 약대생을 위한 의학용어 만점암기법_ 심장순환계와 근육계
저자 의학수험연구회 / 19,500

9020 한의사와 한의대생을 위한 양의학용어 암기법_ 호흡기와 감각기
저자 의학수험연구회 / 19,500

9021 의료변호사를 위한 의학용어 암기법_ 소화기와 비뇨기
저자 의학수험연구회 / 19,500

9022 건강보험공단 직원과 취준생을 위한 의학용어 암기법_ 감각기와 호흡기
저자 의학수험연구회 / 19,500

9023 간호사 국가고시 합격기간 단축하기_ 1교시 성인간호, 모성간호
저자 의학수험연구회 / 19,500

9024 건강보험공단 직원과 취준생을 위한 의학용어 암기법_ 감각기와 호흡기
저자 의학수험연구회 / 19,500

9025 수의사와 수의대생을 위한 의학용어 암기법_ 근골계와 심장순환계

9026 식품위생직, 식품기사 시험을 위한 식품미생물 점수 쉽게 따기
저자 식품위생연구회 / 19,500

9027 영양사 시험 스피드 합격비법_ 1교시 영양학, 생화학, 생리학 중심
저자 영양사시험연구회 / 19,500

9028 영양사 시험 스피드 합격비법_ 2교시 식품학, 식품위생 중심
저자 영양사시험연구회 / 19,500

9029 6급 기관사 해기사 자격 시험 스피드 합격비법
저자 해기사시험연구회 / 19,500

9030 재배학개론 농업직 공무원시험 스피드 합격비법
저자 공무원시험연구회 / 19,500

9031 식용작물학 농업직 공무원시험 스피드 합격비법
저자 공무원시험연구회 / 19,500

9032 수능 지구과학1 입체적 이해로 만점 받기
저자 수능시험연구회 / 19,500

9033 건축구조 건축직 공무원 시험 교과서 술술 읽히게 하는 책
저자 공무원시험연구회 / 19,500

9034 위생관계법규 조문과 오엑스 조리직 공무원시험
저자 공무원시험연구회 / 19,500

9035 자동차구조원리 운전직 공무원 시험 교과서 술술 읽히게 하는 책
저자 공무원시험연구회 / 19,500

9036 수의사와 수의대생을 위한 의학용어_ 암기법 소화기와 비뇨기
저자 의학수험연구회 / 19,500

9037 도로교통사고 감정사 1차 시험 교과서 술술 읽히게 하는 책
저자 자격증수험연구회 / 19,500

9038 위험물산업기사 필기시험 교과서 술술 읽히고 암기되게 하는 책
저자 자격증수험연구회 / 19,500

9039 소방관계법규 조문과 오엑스 소방직 공무원시험
저자 공무원시험연구회 / 19,500

9040 양장기능사 필기시험 교과서 술술 읽히고 암기되게 하는 책
저자 자격증수험연구회 / 19,500

9041 섬유공학 패션의류 전공자가 섬유가공학 술술 읽고 학점도 잘 받게 해주는 책
저자 섬유공학패션연구회 / 19,500

9042 의류복식사 술술 읽고 학점 잘 받게 해주는 섬유공학 패션의류 전공자를 위한 책
저자 섬유공학패션연구회 / 19,500

9043 반도체장비유지보수 기능사 필기 교과서 술술 읽히고 암기되게 하는 책
저자 자격증수험연구회 / 19,500

9044 4급 항해사 해기사 자격 수험서 술술 읽히고 암기되게 하는 책
저자 자격증수험연구회 / 19,500

9045 접착 계면산업 관련 논문 특허자료 술술 읽히고 암기되게 하는 책
저자 접착계면산업연구회 / 19,500

9046 재수삼수 생활로 점수 올려 대입 성공한 이야기
저자 오답노트컨설팅클럽 / 19,500

9047 치위생사 국가시험 수험서 술술 읽히고 암기되게 하는 책
저자 자격증수험연구회 / 19,500

9048 치위생사 국가시험 수험서 술술 읽히고 암기되게 하는 책_ 2교시 임상치위생처치 등
저자 자격증수험연구회 / 19,500

9049 가스산업기사 필기시험 수험서 술술 읽히고 암기되게 하는 책
저자 자격증수험연구회 / 19,500

9050 응급구조사 1,2급 시험 수험서 술술 읽히고 암기되게 하는 책
저자 자격증수험연구회 / 19,500

수학연구사 Book List

9051 떡제조기능사 시험 수험서 술술 읽히고 암기되게 하는 책
저자 자격증수험연구회 / 19,500

9052 임상병리사 시험 수험서 술술 읽히고 암기되게 하는 책
저자 자격증수험연구회 / 19,500

9053 의료관계법규 4대법 조문과 오엑스 뽀개기 의료기술직 공무원시험
저자 공무원시험연구회 / 19,500

9054 간호학 전공자가 간호미생물학 술술 읽고 학점도 잘 받게 해주는 책
저자 간호학연구회 / 19,500

9055 간호사 국가고시 합격기간 단축하기_ 2교시 아동간호, 정신간호 등
저자 의학수험연구회 / 19,500

9056 도로교통법규 조문과 오엑스 뽀개기 운전직 공무원시험
저자 공무원시험연구회 / 19,500

9057 전기공학부생들이 시험 잘 보고 학점 잘 따는 법
저자 기술튜터토니 / 19,500

9058 간호대학생들이 약리학을 쉽게 습득하는 학습법
저자 간호학연구회 / 19,500

9059 의치대를 목표하는 초등생자녀 이렇게 책 읽고 시험 보게 하라
저자 의치대보낸부모들 / 19,500

9060 지적관계법규 조문과 오엑스 뽀개기 지적직 공무원시험
저자 공무원시험연구회 / 19,500

9061 방송통신대 법학과 학생이 학점 잘 받게 공부하는 법
저자 법학수험연구회 / 19,500

9062 공인중개사 1차 시험 쉽게 합격하는 학습법
저자 법학수험연구회 / 19,500

9063 기술직 공무원 시험 쉽게 합격하는 학습법
저자 공무원시험연구회 / 19,500

9064 독학사 간호과정 공부 쉽게 마스터하기
저자 간호학연구회 / 19,500

9065 주택관리사 시험 빠르게 붙는 방법과 노하우
저자 자격증수험연구회 / 19,500

9066 비로스쿨 법학과 대학생들을 위한 공부 방법론
저자 법학수험연구회 / 19,500

9067 기술지도사 필기시험 빠르고 쉽게 합격하는 학습법
저자 자격증수험연구회 / 19,500

9068 감정평가사 시험 스트레스 낮추고 빠르게 최종 합격하는 길
저자 자격증수험연구회 / 19,500

9069 의무기록사 시험 합격을 위한 의학용어 암기법_ 순환계와 근골계
저자 의학수험연구회 / 19,500

9070 의무기록사 시험 합격을 위한 의학용어 암기법_ 소화기와 비뇨기
저자 의학수험연구회 / 19,500

9071 감정평가사 2차 합격을 위한 서브노트의 필요성 논의와 공부법
저자 자격증수험연구회 / 19,500

9072 감정평가사 민법총칙 최단시간 공부법과 문제풀이법
저자 자격증수험연구회 / 19,500

9073 게임 IT업계 직원이 영어를 빠르게 듣고 말할 수 있는 방법
저자 최단시간영어연구회 / 19,500

9074 IT 게임업계 직원이 효율적으로 빠르게 일본어를 습득하는 법
저자 최단시간일본어연구회 / 19,500

9075 게임회사 IT업계 직원이 프랑스어 단어를 빨리 익히는 법
저자 최단시간프랑스어연구회 / 19,500

9076 경영지도사가 빠르고 효율적으로 중국어를 배우는 법
저자 최단시간중국어연구회 / 19,500

9077 유튜버가 일본어 청취를 빠르게 익히는 방법
저자 최단시간일본어연구회 / 19,500

9078 법조인들이 알면 좋을 프랑스어 단어를 빠르게 익히는 법
저자 최단시간프랑스어연구회 / 19,500

9079 경영지도사에게 필요한 스페인어 단어 빠르게 익히기
저자 최단시간스페인어연구회 / 19,500

9080 일본어 JLPT N4, N5 최단시간에 합격하는 법
저자 최단시간일본어연구회 / 19,500

9081 관세사에게 필요한 이탈리아어 단어 빠르게 익히기
저자 최단시간외국어연구회 / 19,500

9082 일본 관련 사업을 하는 중개사를 위한 효율적인 일본어 듣기법
저자 최단시간외국어연구회 / 19,500

9083 일본 취업 준비생을 위한 일본어 리스닝과 단어 실력 빠르게 올리는 방법
저자 최단시간외국어연구회 / 19,500

9084 관세사에게 필요한 중국어 빠르게 습득하는 법
저자 최단시간외국어연구회 / 19,500

9085 누적과 예측을 통한 영어 말하기와 듣기 해답_ 해외진출자를 위한 책
저자 최단시간외국어연구회 / 19,500

9086 스페인어를 공부해야 하는 대학생들이 빠르게 단어를 숙지하는 법
저자 최단시간외국어연구회 / 19,500

9087 취업 준비 대학생은 인생 자격증으로 공인중개사 시험에 도전하라
저자 자격증수험연구회 / 19,500

9088 고경력 은퇴자에게 공인중개사 시험을 강력 추천하는 이유와 방법론
저자 자격증수험연구회 / 19,500

9089 효율적인 4개 국어 학습법과 외국어 실력 올리는 방법
저자 최단시간외국어연구회 / 19,500

9090 여성들의 미래대안 공인중개사 시험 도전에 필요한 공부 가이드
저자 자격증수험연구회 / 19,500

9091 해외파견근무직원들이 이탈리아어 단어 빠르게 익히는 방법
저자 최단시간외국어연구회 / 19,500

9092 영어 귀가 뻥 뚫리는 리스닝 훈련법
저자 최단시간외국어연구회 / 19,500

9093 열성아빠를 위한 민사고 졸업생의 생활팁과 우수 공부비법
저자 교육연구회 / 19,500

9094 유초등 아이 키우는 열정할머니를 위한 민사고 생활팁과 공부가이드
저자 교육연구회 / 19,500

9095 심리상담사가 일본어를 쉽게 배울 수 있는 노하우와 팁
저자 최단시간외국어연구회 / 19,500

9096 법조인을 위한 틀리는 소리에 집중하는 외국어 리스닝과 단어 훈련법
저자 최단시간외국어연구회 / 19,500

9097 관세사를 위한 문법 상관없이 받아 듣고 적는 외국어 학습법
저자 최단시간외국어연구회 / 19,500

9098 민사고에 진학할 똑똑한 중학생을 위한 민사고 공부팁과 인생 이야기
저자 교육연구회 / 19,500

9099 해외파견직원들을 위한 프랑스어 단어 쉽게 배우기
저자 최단시간외국어연구회 / 19,500

9100 해외파견근무직원들이 일본어를 쉽고 빠르게 공부하는 방법
저자 최단시간외국어연구회 / 19,500

수학연구사 Book List

9101 대학생들이 이탈리아어 단어 쉽고 빠르게 익히는 법
저자 최단시간외국어연구회 / 19,500

9102 뷰티 화장품 업계에서 알면 좋을 스페인어 단어 쉽게 익히기
저자 최단시간외국어연구회 / 19,500

9103 민사고 진학에 갈등을 느끼는 딸바보 아빠를 위한 인생 조언과 공부법
저자 교육연구회 / 19,500

9104 유튜버를 위한 영어 리스닝과 스피킹 실력 빠르게 올리는 법
저자 최단시간외국어연구회 / 19,500

9105 해외파견직들을 위한 문법 없이 어학 공부하는 방법
저자 최단시간외국어연구회 / 19,500

9106 변리사가 프랑스어 단어를 쉽고 빠르게 배우는 법
저자 최단시간외국어연구회 / 19,500

9107 법조인이 알면 좋을 중국어 스피드 습득법
저자 최단시간외국어연구회 / 19,500

9108 임용고시 합격하려면 고시 노장처럼 공부하지 마라
저자 임용고시연구회 / 19,500

9109 임용고시 합격을 위한 조언_ 공부로 생긴 스트레스 공부로 풀어라
저자 임용고시연구회 / 19,500

9110 가맹거래사 시험 법학에 자신이 없는 사람들이 꼭 봐야 할 합격법
저자 자격증수험연구회 / 19,500

9111 가맹거래사 책이 쉽게 이해되지 않는 사람들을 위한 수험전략 가이드
저자 자격증수험연구회 / 19,500

9112 항공 및 공항 업계에서 알면 좋을 이탈리아어 단어 효율 암기법
저자 최단시간외국어연구회 / 19,500

9113 은퇴자를 위한 외국인과 만나는 게 즐거운 영어 리스닝 방법
저자 최단시간외국어연구회 / 19,500

9114 항공과 공항업계인을 위한 일본어 듣기와 단어 청크 단위 학습법
저자 최단시간외국어연구회 / 19,500

9115 유튜버가 프랑스어 단어에 쉽게 접근하고 익히는 법
저자 최단시간외국어연구회 / 19,500

9116 대학생이 필요한 스페인어 청취를 빠르게 습득하는 법
저자 최단시간외국어연구회 / 19,500

9117 해외파견직들을 위한 스페인어 단어 스피드 학습법
저자 최단시간외국어연구회 / 19,500

9118 관세사를 위한 직청직해 소리단어장 다국어 훈련법
저자 최단시간외국어연구회 / 19,500

9119 경비지도사 처음 도전하는 사람들이 꼭 알아야 할 시험 접근법
저자 자격증수험연구회 / 19,500

9120 유튜버가 이탈리아어 단어 효율적으로 익히는 방법
저자 최단시간외국어연구회 / 19,500

9121 관세사가 빠르고 쉽게 일본어 실력 올리는 법
저자 최단시간외국어연구회 / 19,500

9122 영어가 부족한 법조인을 위한 리스닝과 스피킹 효율 학습법
저자 최단시간외국어연구회 / 19,500

9123 미용 뷰티업계에서 알면 좋을 일본어 쉽게 접근하는 법
저자 최단시간외국어연구회 / 19,500

9124 대학생을 위한 외국어 공부법_ 문법은 버리고 소리에 집중하자
저자 최단시간외국어연구회 / 19,500

9125 심리상담사가 스페인어 단어를 효율적으로 배우는 방법
저자 최단시간외국어연구회 / 19,500

9126 대학생을 위한 다양한 외국어 쉽게 접근하게 해주는 가이드
저자 최단시간외국어연구회 / 19,500